NIGHT-TIME TOURISM ECONOMY

图解 夜游经济

理论与实践

中国旅游研究院

北京巅峰智业旅游文化创意股份有限公司 ◎ 著

中国旅游出版社

责任编辑：李志忠
责任印制：孙颖慧
封面设计：巅峰智业　中文天地

图书在版编目（ＣＩＰ）数据

图解夜游经济理论与实践 / 中国旅游研究院，北京
巅峰智业旅游文化创意股份有限公司著. -- 北京 ： 中国
旅游出版社，2019.12（2021.4重印）
　　ISBN 978-7-5032-6427-6

　　Ⅰ．①图… Ⅱ．①中… ②北… Ⅲ．①旅游经济－经
济管理－中国－图解 Ⅳ．①F592.3-64

中国版本图书馆CIP数据核字（2019）第281652号

书　　　名：图解夜游经济理论与实践

作　　　者：中国旅游研究院　北京巅峰智业旅游文化创意股份有限公司　著
出 版 发 行：中国旅游出版社
　　　　　　（北京建国门内大街甲 9 号　邮编：100005 ）
　　　　　　http://www.cttp.net.cn　E-mail:cttp@mct.gov.cn
　　　　　　营销中心电话：010-85166536
排　　　版：北京旅教文化传播有限公司
经　　　销：全国各地新华书店
印　　　刷：北京金吉士印刷有限责任公司
版　　　次：2019 年 12 月第 1 版　2021 年 4 月第 2 次印刷
开　　　本：787 毫米 × 1092 毫米　1/16
印　　　张：14.5
字　　　数：300 千字
定　　　价：68.00 元
ＩＳＢＮ　978-7-5032-6427-6

以文化权益和旅游权利为中心推进夜间经济高质量发展

——2019中国夜间经济论坛上的主题演讲

以党的十九届四中全会为指导，深入学习贯彻习近平总书记关于文化和旅游工作的重要论述，研究有关夜间经济的重大理论和高质量发展战略，把方兴未艾的夜间旅游消费、夜间休闲、文化活动、相关产业和公共服务推向全面、协调、可持续发展的未来。

发展夜间经济是扩大消费，倒逼文化和旅游供给侧结构性改革的现实要求。2018年春节过后，我们报出了第一份以夜间旅游为主题的内参，题目是《释放夜间旅游新需求，培育都市旅游新动力》。2019年3月14日，中国旅游研究院在文化和旅游部南区正式发布了夜间旅游的系列研究成果，很快就成了政策面和产业面的热点话题。在那次会议上，我做了《夜间旅游正当时》的主题演讲，正式公开了我们的研究结论、学术观点、发展建议和政策主张，明确提出"夜间旅游是当代旅游发展理论体系的研究新领域、学术新成就；是文化和旅游融合发展的需求新潜力、供给新动能；是国家和地方高质量发展的政策新方向、效能新提升"。这不是研究团队有什么先见之明，而是我们在假日旅游统计值班和数据分析工作中发现：每到节假日和旅游旺季，热点城市和旅游景区的拥堵难题总是得不到有效解决，而广大游客和城市居民的获得感、满意度也得不到有效提升。一边是入境和国内旅游者长期抱怨，"白天看庙，晚上睡觉，回去想想啥都不知道"。另一边是那么多的博物馆、文化馆、图书馆、科技馆、规划馆等文化场馆，以及兼有城市公园和郊野公园性质的旅游景区，下午5点就早早闭门谢客了。与此同时，从电信等大数据实验室对重点城市游客消费轨迹的监测数据可以看出，从重庆洪崖洞、成都宽窄巷子等夜间网红打卡地，到广州小蛮腰、北京奥运塔、上海黄浦江岸的灯光秀，从稳步上升的夜场电影上座率、24小时书店，到受到高端游客欢迎的天坛夜宴、长城夜宴项目，不同年龄、不同文化背景和不同消费层次的游客和居民对夜间文化活动和旅游的消费需求正在日渐增长。一开始主要是夜市餐饮、购物、K歌，后来慢慢加入了观影、看戏、阅读等文化内容消费场所，现在公共服务和市政工程也加入了进来。国家博物馆延长了闭馆时间，北京地铁加开了夜间班次，上海、济南等地出台了发展夜间经济的政策，一些城市还设立了"夜间区长"，这些都是在满足人民群众的夜间文化和旅游需求，从完善治理体系和提升治理能力方面解决供给侧结构性改革的一些深层次问题。

发展夜间经济是培育城市发展新动能、增强社会活力新元素的战略要求。有了天猫、京东、拼多多等网购平台，大家习惯了网购；有了美团、饿了么，大家习惯了餐饮外卖；有了盒马、T11，大家习惯了有人送菜到家；有了微信、微博，大家习惯了哪怕是面对面也要通过网络交流。在享受科技进步带来效率的同时，人们有意无意地忽视了那些承载人间烟火的商场、餐馆、茶馆、咖啡馆、菜市场等商业设施的衰败和消失。欧洲有句谚语，"街道就是一切"，这些商业设施不仅是消费场所，还是人与人交往的生活空间，正是通过见面时的微笑、问候、你来我往的讨价还价，人类才在漫长演进中建构起了从戏剧场到菜市场的社区和城市。如果人与人的连接只剩下人与手机的连接，人与机器的对话，那真的是人民需要的美好生活和民族复兴的未来吗？显然不是。因此，现代社会应当通过丰富多彩的夜间文化活动、商业项目和旅游消费，让白天没时间消费的年轻人、没有地方休闲的老年人、没有热闹可看的少年儿童，让愿意共享本地美好生活的游客重新回到街道上来，这才是数字化时代重构城市活力的必然选择。

发展夜间经济是发展和完善文化和旅游领域治理体系，提升治理能力，保障人民文化权益和旅游权利的重要要求。千百年前，人们就有"人生苦短，秉烛夜游"的愿望。盛唐时的长安就有了夜市，宋代都城的夜晚更是"鱼龙舞""灯如昼"。我们正处在实现全面小康社会的决胜阶段，在准备为实现第二个百年奋斗目标而努力，因此必须正视人民群众的精神追求、文化休闲和旅游需求。这些需求有的需要白天满足，有的需要夜间满足。党的十八大，中国共产党向世界庄严承诺：人民对美好生活的向往，就是我们的奋斗目标。不断满足人民日益增长的文化需求和旅游消费的需求，则是旅游产业的发展方向，也是创新动力的基源所在。这就要求我们进一步扩大旅游供给，包括区域和空间的项目开发，也包括向时间要资源。避暑旅游、冰雪旅游、夜间旅游，都是满足新需求的新业态，由是出发，多开发几个夜市、适当延长公共文化场馆的闭馆时间、多几场演出，不要认为是什么"惠民工程"，是对市民和游客的恩赐，它只是政府保障人民夜间文化权益和旅游权利的重要责任而已。做好是应该的，各级政府对此要有清醒的理论认识，既要有高位的顶层设计，更要有扎实的底层建构。

夜间经济是一项广泛涉及城乡规划、公共服务、文化遗产活化、消费场景营造等内容的系统工程，需要各级政府和社会各界共商共建共享，才会有全面、协调、可持续发展的未来。

希望各级政府高度重视夜间经济，将夜间经济纳入"十四五"文化和旅游规划。文化建设和旅游发展都是为了满足人民对美好生活的向往与追求，美好生活反过来又正在成为文化建设和旅游发展的全新动能。事实上，从世界范围看，城乡居民的文化消费行为与游客在目的地的消费行为是相互影响、相互促进的。那些拥有世界、国家和地区文化中心，公共文化供给丰富和文化产业发育充分的目的地，往往也会拉动更高的旅游消费，产生更多的综合效益。纽约对全美的旅游贡献 2017 年就已经接近了 1/5，伦敦的文化和旅游业则为城市创造了高达 1/6 的就业机会。从最新的全球夜间灯光数据来看，我国东部沿海、沿长江、沿黄河区域，以及成都、西安等主要城市群在世界范围内算是领先的。武汉、重庆、成都等地的夜间文化活动是丰富的，商业氛围也是深厚的。但总体来看，城乡居民的获得感和满意度并不算高。有篇网络文章写道，随着路边摊的消失，北京正在变得越来越无聊。上海也是。这篇文章之所以会刷屏，就是因为它戳中了当代都市人的泪点：空间规划留给人们的生活空间越来越逼仄了。好的城市必须有生活气息，不能仅仅是鸟瞰起来的宏伟壮观。因为人毕竟不是鸟，多数时间需要脚踩大地感受世界。当前的城市治理体系和治理能力，应当也必须与经济社会的现代化进程相适相应。我们对文化活动和旅游产业画红线、画底线很在行，对告诉人们不能做什么很拿手，但是对于如何促进产业发展，如何让人民生活得更幸福，说实话还需要一个持续理性的学习过程。我们需要统筹社会力量，在现有文化活动和旅游消费的基础上，因地制宜地探索文化引领、科技支撑、生态友好、主客共享等不同类型的夜间经济发展模式。本次会议，我们会发布夜间经济专题报告，也会推出夜间经济十强城市和游客喜爱的夜市、夜间演艺、历史街区和文化场馆。这不是什么评比表彰，而是用普通游客与市民的视角去评价夜间经济的供给质量，是为了在起步之初让大家有一些可观测、可检验和可供对比的样本，根本目的是为了推动夜间经济的高质量发展。

希望广大科技、艺术和教育机构投入更多的资源，研究夜间经济发展的重大理论问题，从顶层设计和底层器件两个方面为夜间经济的发展提供智力支撑。发展夜间经济当然需要夜市满足人们的餐饮刚需，但夜市不是夜间经济的全部，更不是千城一面的终点。我们更需要通过市场导向的技术创新、内容创造和商业实践，满足不同人群夜间消费分层分级的需求。对于中国这样一个拥有 14 亿人口、60 亿国内旅游人次的发展中国家来说，旅游消费不可能绝对扁平化，也不可能走向折叠化的平行空间。一个共商共建共享的文化消费和旅游市场，正在来临。大都市客源群体中"90 后""00 后"亚文化群体，虽然暂时还不具备改变文化消费和旅游市场基本盘的力量，但是我们已经捕捉到了消费分层的种种迹象和消费升级的暗涌动力。旅游消费作为生活消费的一部分，也正在空间与结构上悄然扩散，呈现出一般性和特殊性交织在一起的分层与分级特征。尽管层级之间也会相互渗透和相互影响，但那些高生活品质和高文化氛围的地方首先会对其他地区的居民形成消费落差，并转化为现实的市场势能，这点毋庸置疑。

理论之上是思想。发展夜间经济首先要弄明白坚持和巩固什么、发展和完善什么、依靠和引领什么等基本战略问题。2004 年夏季的某个夜晚，我走在布鲁塞尔的街头，听到哨声响起，接着看见黑压压的人群踩着轮滑，在消防、救护、安保等特种车辆和专业志愿者的协调下呼啸而来。询问后得知这是该市定期举办、全民参与的公益活动，是为市民的夜间生活而非游客开发的商业节事。自那以后，特别是 2009 年我们开始做按季度监测的全国游客满意度项目，我越来越坚信这样一个学术观点和政策取向：城市是市民的城市，乡村是村民的乡村，政府和公共机构的首先职责是提升本地居民的生活品质和幸福感。只有本地居民生活幸福了，外来游客才会愿意到访并分享。优秀的全域旅游目的地一定是主客共享的美好生活空间，世界上断没有那种本地人不幸福，外来游客却很满意的旅游目的地。

希望各级各类资本市场和市场主体扩大投入，研发新产品、培育新业态，让不同消费层次的城乡居民和外来游客在夜间有得游、游得起、玩得舒心。 发展夜间经济，不能只有政府这只"看得见的手"在开大会、做讲话、发文件、颁牌子，得有市场主体，得让市场这只"看不见的手"在夜间经济的资源配置中发挥主导作用。只有把需求释放了，把营商环境优化了，夜间经济才会发展起来。我经常和地方的同志、企业界的朋友讲，不要老盯着什么风口，老念着什么是文化和旅游新政策，要研究那些没有被满足的需求和消费痛点。14 亿人口的文化需求和 60 亿人次的旅游市场，就是那个最大的，而且永不会消失的风口。创新夜间经济需要照明，需要灯光秀，但并不仅仅是用照明驱赶黑暗，把城市弄得越亮就越好，而是要用光影雕刻夜晚，进化生活。由良业公司在北京建设的首个光影实验室，值得每个关注夜间经济的机构和个人去看看，既有机器人舞蹈的小型光影秀，也有商用级的智慧集成路灯。巅峰智业在张家口、承德的光影演艺，以及在安庆推出的《天仙配新传》，也已经获得市场认可。我们相信，随着消费需求的累积和市场存量的增长，人们夜间活动的内容将会进一步趋于个性化和碎片化，这就需要文化机构、事业单位和更多的市场主体加大内容创造的维度和产品创新的力度。从现在掌握的情况来看，这样有创新潜力也有商业能力的企业不是多了，而是少了。

希望芜湖抓住论坛契机，发展夜经济，做好江文章，推进文化事业、文化产业和旅游业高质量发展。芜湖如何把发展的潜力转化为发展的现实呢？文化建设和旅游发展是重要的路径，接下来芜湖市委和市政府应该把文化建设和旅游发展的决心转化为全社会的共识，转化为城市发展的动力。有必要借此机会再重申一个重要观点：文化不是城市发展的成本，而是投资，是构建主客共享美好生活空间的软实力和硬支撑。旅游业是以游客到访为前提的，研究政策也好，制定规划也罢，一定要认真研究远方的需求和市场，不要只自顾自说本地的风景和资源。否则我们给的不是游客和市民所需要的，而游客和市民想要的，我们又给不了。城市形象建设好的，还需要专业的市场推广体系和专业营销队伍的建设，需要着力解决入境游客的可进入性和国内游客的可居留性问题，这又需要我们下决心完善涉旅接待体系、城市商业环境、行业监管以及综合执法机制等，这是个不断迭代的系统工程。

值此大众旅游新时代、全域旅游新方位、文旅融合发展和高质量发展新阶段，中国旅游研究愿意竭尽所能，助力更多城市成为夜间经济的思想策源地、文化和旅游融合发展的创新实验田、新时代旅游业高质量发展的区域引领者！

戴斌

中国旅游研究院院长、教授、博士

夜游活动由来已久，不论是宋时"祛服华妆着处逢，六街灯火闹儿童"的开封汴梁，还是如今"浦江两岸不夜天，广厦栉比相勾连"的魔都上海，夜间的繁华盛景、熙来攘往的街头市井都让人心生向往。随着中国经济社会的快速发展，人们的夜间消费需求不断升级，夜幕的降临不再意味着一天的结束，而是丰富多彩生活的序幕，游客与居民开始"夜有所乐"，并"乐此不疲"。由此，夜游经济也在不断发展壮大，绽放光彩，如何正确认识新时代背景下的夜游经济成为当前的重要课题。

国家高度重视夜游经济，《国务院办公厅关于进一步激发文化和旅游消费潜力的意见》（国办发〔2019〕41 号）提出，"大力发展夜间文旅经济"，上海、南京、天津、北京等城市相继推出了促进夜间经济发展的政策，一大批优秀的夜游经济目的地和创新产品涌向市场。在此背景下，夜游经济正在释放它的巨大潜能，夜游消费正在深入美好生活。

夜游经济是拉动消费的新引擎。夜晚比白天重要。据统计，过夜游客的消费一般可以达到一日游的 3 倍。作为旅游市场的主力消费群体，大多数年轻人的旅游习惯是上午睡觉，下午闲逛，晚上疯玩，因此，围绕夜而展开的夜景、夜演、夜宴、夜购、夜娱、夜宿便成了夜间消费的重要内容。此外，夜游作为一种夜间消费形式，在自成消费内容、创造价值的同时，还能整合美食、特产、演艺、娱乐、住宿、零售等不同产品业态，从而展现地区旅游与经济发展的效益与活力，并向人展示全新生活状态，给人以全新体验。

夜游经济是城市经济的新蓝海。随着城市化率的提升和城市收入的增长，夜间经济正在释放巨大潜能。夜游经济能够展示与演绎城市文化。演绎一座城市深厚的历史文化底蕴，传承一座城市特色的文明文脉主线，让城市的软实力得到提升。夜游经济能够促进城市公共服务的配套和升级。夜游经济的繁荣发展将对城市电力、地铁、公交、公共卫生、市政管理、安全保卫和应急救援等城市基础设施和公共服务提出要求，促进城市管理部门加大相应投入，务实提升公共管理水平。夜游经济能够推动城乡目的地资源配置从空间拓展转向时间延展，有效延伸旅游产业链，通过游客赏夜景、逛夜市、看夜演、吃夜宴、住下来，从而刺激并带动演艺、餐饮、住宿、购物等相关业态发展，从而提升城市产业活力，推动服务业规模扩张、消费扩大，增加税源，聚集财富、产业和人气。

夜游经济是美好生活的新标尺。 作为全域旅游的重要一环，夜游经济的兴起使得"生活化的旅游，旅游化的生活"这一全域旅游的理想形式得以实现。由此，发掘夜游经济新业态，打造夜游新爆款，创新夜游新技术，提供相匹配的夜游新服务，做足美好夜游生活新体验，成为市场关注的焦点。

夜游经济的大幕已然开启，需汇聚各方专业力量，献计献策，做透做实，做好做强。夜游经济舞台广阔，但发展仍任重道远。目前，我国的夜游经济面临诸多问题及挑战，主要表现在夜游的产品供给与日益增长的市场需求并没有完全匹配，缺乏有文化支撑的内容，缺乏完善的公共服务体系，缺乏科学的盈利模式，因此，转变发展理念、创新产品内容、提高有效供给成为促进当下夜游经济快速健康发展的重要举措。

为了能够提供切实有效的指引，本书梳理了夜游经济发展的整体脉络，涵盖了国内与国际、理论与实践、内容与产品、市场与消费等各个方面的内容。针对当下夜游内容的不足，我们对夜游活动的时间、范围、人群和内容进行了界定，分析了夜游产品的市场现状，力求精准定位目标市场，找准市场需求。同时，我们结合大量的实操案例，构建了夜游经济发展的"六夜"理论体系，即做好夜景、夜演、夜宴、夜购、夜娱、夜宿，聚焦夜间最重要的活动和内容业态，植入在地文化，创新创意构思，力求突破夜游发展的内容制约，撬动"夜间 GDP"，提升综合效益，满足人民对优质夜游产品的需求，从而激活新时代夜游经济的消费潜力。

本书共分为三篇。第一篇，全面分析了夜游经济产生的微观、中观、宏观背景，科学阐述了夜游经济的概念、作用与发展现状，有效厘清了夜游经济发展面临的机遇与挑战，并基于上述内容，研判了中国夜游经济的发展趋势，以期为夜游经济的长远发展提供理论支持。第二篇，以"夜景、夜演、夜宴、夜购、夜娱、夜宿"的"六夜"理论为核心框架，着重顶层理论阐述、操作路径分析以及实践案例解读，力求让大家正确认识夜游经济的实质。第三篇，重点选择国内外经典案例和部分巅峰实践案例进行专项分享，力求深化实战指导，破解夜游经济操作难题。

《图解夜游经济理论与实践》编辑部

目录
CONTENTS

第三篇　优术

第一篇

取势

取势，远见也。当前人民群众追求美好生活的呼声高涨，多元化、品质化的消费供给成为美好生活需要的具象载体。夜游经济顺势而生，不仅在丰富夜生活，拓展夜文化，升级夜消费方面起到了重要作用，也在推动区域经济升级，优化产业结构，提升有效供给等方面发挥了强大优势，因而得到了从国家到地方各个层面的大力支持。

夜游由来已久，始于汉、兴于唐、盛于宋，古时的夜间繁华盛景曾让人心生向往，而如今，随着中国经济社会的快速发展和人民消费的持续升级，夜游正在绽放新的光彩，夜游经济的形式和内容也在不断变化，如何正确认识新时代背景下的夜游经济成为重要命题。

为此，本书以全面认识夜游经济"前世今生"为开篇，明确夜游经济发展的背景意义，厘清夜游经济的基本概念，研判夜游经济的发展趋势，从而为各地夜游经济的发展提供理论基础。

CHAPTER ONE

第一章　夜游经济应运而生

　　每一个新生事物的产生都有其必然性，夜游经济产生的主要驱动是人们对物质文化需求和精神文化需求的不断增加，是多元化、个性化消费群体的不断涌现，是对夜间丰富体验的日益渴求，夜游经济已成为直击市场、驱动创新、改善生活的一种新形式。当然，夜游经济的产生也离不开国家整体经济社会发展的推动、转型升级发展的内在需求、城市化快速升级的品质要求、文旅融合联动的创新创造、全域旅游的生活呈现……夜游经济正是在这样的时代背景下应运而生，焕发光彩与活力的。

一、微观：直击市场需求，驱动文旅创新

随着我国人民生活水平的不断提高，人们的夜间消费需求不断扩大，夜间活动不再只是白天生活的补充，而成为一天中必要的、独立的活动。同时，夜间活动的发展与自由时间的增加，为夜游经济发展创造了条件，也驱动着文旅创新发展。

（一）旅游消费升级，市场需求多元化、个性化

中国人爱旅游，文化和旅游部发布的《2018年文化和旅游发展统计公报》显示：2018年国内旅游市场持续平稳增长，出境旅游市场快速发展。全年国内旅游人数55.39亿人次，比上年同期增长10.8%；出境旅游人数14972万人次，比上年同期增长14.7%；全年实现旅游总收入5.97万亿元，同比增长10.5%。旅游休闲消费习惯已然形成。《中国休闲发展年度报告2017—2018》指出：2012—2017年，城镇居民远距离休闲（离家10千米以上）比重增加，其中，2017年城镇居民周末、节假日远距离休闲比重分别为13.0%、37.1%，远程景区和郊野成为城镇居民的重要休闲空间。在消费升级的背景下，我国旅游业正在从"观光旅游"向"观光＋休闲＋度假＋养生＋美食体验"等的复合型旅游快速转变，原来"走马观花"式的旅游，也逐步发展成为"下马看花"，甚至还会在某个好地方"养马种花"的深度体验。"白天看景，晚上走人"的浅层次旅游显然已经不能符合时代发展的需求，夜幕的降临不再意味着一天活动的完结，而是拉开了丰富多彩的夜生活的序幕，更多元的产品、更丰富的体验、更亮眼的项目、更充沛的消费时间……一系列的变化都对文旅产业发展提出了更高的要求。

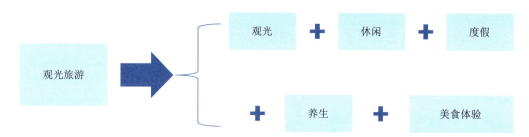

（二）夜间活动发展，夜游消费旺、潜力大

随着社会经济的不断发展，夜间活动慢慢跳出传统的餐饮、购物、歌舞等形式，向文化、表演、健身、保健、休闲等领域扩张。夜间活动的多元化，极大地丰富了人们的夜间生活，同时形成了各地不同的文化特色，为夜游的升级奠定了基础。

中国旅游研究院与银联旅游消费大数据实验室的夜间旅游专项调查数据表明，当前，游客夜游参与度高、消费旺，九成左右游客有夜间体验的经历，2019年春节期间，游客夜间消费占目的地夜间总消费的近三成。

2019 年春节期间夜游消费占比表

消费金额		消费笔数	
日间消费占比 71.5%		日间消费占比 74.3%	
夜间消费占比 28.5%		夜间消费占比 25.7%	
夜间本地居民消费	夜间游客消费	夜间本地居民消费	夜间游客消费
72.80%	27.20%	69.40%	31.60%

数据来源：中国旅游研究院与银联旅游消费大数据实验室。

夜游人均体验两晚，消费潜力巨大。旅游统计显示：国内游平均停留时间为 3 天，其中愿意连续 2 晚及以上体验夜游的受访者达到 79%，人均夜游停留时间为 2.03 晚。游客夜游意愿强烈、需求广阔，随着夜游产品的丰富多元和夜游环境的日臻完善，未来夜游需求将持续旺盛。

（三）技术应用加强，夜游产品迎来新机遇

随着声、光、电、3D 等技术的不断进步，涌现出媒体幕墙、3D 投影、全息投影等一批新媒体、新技术、新应用，能够将夜间文化演艺、旅游观光、视觉体验相融合，激发夜游文化元素，让夜景焕发无限魅力。同时，G20 杭州峰会、金砖国家领导人厦门会晤、上合组织青岛峰会、上海进博会、中华人民共和国成立 70 周年系列活动等国际国内大型会议活动为夜游的发展提供了动力。而且，2021 年和 2022 年将举办建党 100 周年大型纪念活动和北京冬奥会，这些都将为文旅夜游创造新机遇。

二、中观：促进城市发展，激发产业活力

我国城市夜游活动历史悠久，其最初的形态可以追溯到商周之际的夜市，当时的活动内容、形式比较单一，仅局限于夜宵、娱乐等。[①] 随着城市经济的进一步发展，居民的夜生活也越发繁荣，夜游消费需求更加多元，夜间经济成为城市发展的重要一环。

（一）夜间经济推动城市发展

夜间经济已逐步成为城市经济的新蓝海。随着城市化率的提升和城市收入的增长，人们的夜生活日渐丰富，夜间消费占比越来越高，夜间经济释放出巨大的潜能。于城市而言，将城市经济活动延伸至夜晚，蕴藏着巨大的商机，而不少城市也将夜间经济发展目标直接与具体营收额挂钩。如悉尼在 2012 年发布《开放悉尼：悉尼夜晚未来发展趋

---

① 高霞飞，王琳琳，曹蕾 . 南京夜间旅游发展现状及对策［J］. 企业导报，2010（24）：124-125.

势》城市计划，明确到 2030 年夜间经济年营业额将提高到 300 亿澳元，折合 1400 多亿元人民币；我国重庆、西安也发布了相关政策文件，表示到 2020 年将新增社会消费品零售总额 500 亿元以上。

悉尼夜景　　　　　　　　　　　　　　西安夜景

图片来源：视觉中国授权使用

夜间经济也是展示一座城市文化的窗口。繁荣的夜经济离不开文化的支撑，夜文化不仅能演绎一座城市深厚的历史和文化底蕴，同时也能传承城市文脉，展示城市文明，更让城市软实力得到提升。

夜间经济能有效促进城市公共服务的配套和升级。夜间经济繁荣发展给电力、地铁、公交、公共卫生、市政管理、安全保卫和应急救援等城市基础设施和公共服务带来了压力，同时还关系着夜间经营企业的发展、城市居民生活质量的提升等，需要城市管理部门加大相应的投入，并务实提升公共治理水平。

大力发展夜间经济可促进经济活动时间延长、设施利用率提高、就业机会增多，推动服务业规模扩张、消费扩大，增加税源，聚集财富、产业和人气。重庆、西安、天津、上海、北京等重要城市也纷纷抓住契机，推出了鼓励和刺激夜间经济发展的专项政策，以期进一步拉动城市消费增长。

（二）城市夜游提升产业活力

整体而言，发展夜游有助于推动城乡目的地资源配置从空间拓展转向时间延展，可有效延伸旅游产业链，通过游客赏夜景、逛夜市、看夜演、吃夜宴、住下来，从而刺激并带动演艺、餐饮、住宿、购物等相关业态发展。不少城市已出台了相关政策，以夜游促产业链延伸，以延伸消费促经济增长，从而提升城市产业活力。如西安提出，通过重点培养夜间观光游憩、文化休闲、演艺体验、特色餐饮、购物娱乐五大夜游经济产业，以夜游经济提升为突破口，拓展西安市旅游产业链。

　　具体而言，灯光照明为城市夜游奠定了发展基础，夜游经济的蓬勃发展，也带动灯光照明产业的快速发展。如久负盛名的自贡灯会，推动了自贡彩灯产业的发展，实现了48.5亿元的年产值并带动了4万余人就业。旅游演艺的出现，改变了"白天看庙，晚上睡觉"的单一旅游模式，丰富了游客的夜间体验活动。近年来，这一业态更是蓬勃发展，旅游演艺票房收入持续上涨，如西安《长恨歌》夜间演出项目，2017年票房收入已由2007年的70万元增长到1.5亿元。一些开展夜游项目的景区游客量也随之暴增，如横店影视城在白天观光游的基础上开放夜游和夜间演出，带动景区年游客量增长了数百万人次，还增加了过夜客人，周边酒店入住率从20%增加到近80%，拉动了住宿、餐饮和交通等相关消费。值得一提的是，部分城市的博物馆、科技馆、美术馆延长了开放时间至晚上，吸引了大量带着孩子的游客走进去。夜游经济造就的夜间文化体验和休闲娱乐也为文化产业、文化旅游的运营开辟了另一片天地，使产业有了倍增的新机遇。

三、宏观：响应国家战略，顺应时代需求

（一）文旅融合新趋势

　　改革开放40年来，中国的旅游业持续快速发展，已经形成了55亿人次、6万亿元消费规模的世界最大国内旅游市场和1.5亿人次的世界第一大出境旅游消费市场，旅游从少数人的特权成为人民生活的必需品；文化则更近民生，国民经济消费中有12%都是文化休闲消费，文化产业类企业也有9万亿元的市场规模。文旅融合是满足人民美好生活的重要方面，让人们在追求远方的时候更有诗意；文旅融合是实现国家战略的重要举措，能够持续推进服务业规模壮大和质量提升，能够直接有效地促进绿水青山转化为金山银山，能够更加和平地坚持文化自信和深化对外开放，能够在快速发展的城市化进程中保证城乡转换的品质和效率。国家也出台了一系列包括《关于促进文化和旅游结合发展的指导意见》《"十三五"时期文化旅游提升工程实施方案》等在内的文化旅游相关政策，从方向、领域、落实、补贴等方面都给予了高度的重视和支持。

　　2018年3月，文化和旅游部正式成立。随着文旅融合跃升至国家战略层面，如何从实践上破题，如何在操作中找到落脚点，成为行业面对的难题。文旅融合，以新思维、新理念、新路径促进文化和旅游的共生共融作为时代命题亟待探索和实践。夜游经济融入了当地的文化生活，体现了或时尚或古韵的文化场景，丰富了休闲化的消费业态，是新时期文旅融合的最佳呈现之一。

（二）全域旅游新形式

　　2015年8月，全国旅游工作会议研讨会首次提出"全域旅游"发展理念。随后，

国家旅游局启动开展全域旅游示范创建工作，在全国各地和行业内引发热议和巨大反响，截至 2017 年年底，全国已有 7 个全域旅游示范省（区）创建单位、500 个全域旅游示范区创建单位。2019 年 9 月，文化和旅游部公布了首批 71 家通过验收的全域旅游示范区名单。

2018 年 3 月，国务院办公厅印发《关于促进全域旅游发展的指导意见》（国办发〔2018〕15 号），标志着全域旅游正式上升为国家战略，也见证了旅游发展的升级与飞跃。全域旅游要求要有全方位统筹、全空间整合、全产品体验、全产业升级、全过程服务、全品牌联动，而夜游则成为其空间整合、产品丰富、服务提升、品牌升级的重要抓手，夜游空间的利用、夜游产品的丰富、夜游产业链条的延伸、夜游文化品牌的塑造都可以成为全域旅游发展的重要形式和内容。因而，发展夜游，无疑成为新一轮旅游消费的破题之举。

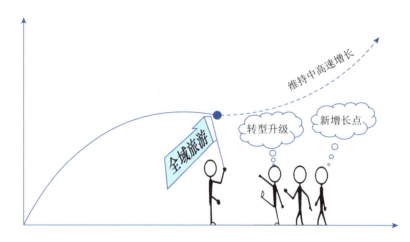

CHAPTER TWO
第二章　夜游经济全新认识

　　当前，夜游经济发展如火如荼，成为街头巷尾热议的焦点，但是对于夜游经济到底是什么，现在发展到什么程度，存在什么问题大家仍缺乏清晰的认识。因此，本章从夜间旅游与夜游经济的概念出发，对夜游活动的时间、范围、人群和内容进行界定，并分析了夜游产品市场现状，力求精准定位目标市场，为推动中国夜游经济发展，打造符合在地文化特征，具有创新创意构思，满足人民需求的优质产品提供支撑，从而激活新时代夜游经济的消费潜力。

一、夜游经济的概念

夜游经济作为夜间经济的重要支撑，具有特定发展背景和渊源。本章基于政府、学界和业界等代表性观点，对夜游经济的概念和特征进行相应的界定及描述。

（一）夜游经济概念的界定

1. 提出背景

英国为了复兴中心城区，改善城市中心区域夜晚的空城现象，于 1993 年提出了"24 小时城市"的发展目标，并在 1995 年将发展夜间经济纳入城市发展战略。夜间经济成为经济学领域的新名词。2002 年，英国学者 Paul Chatterton 和 Robert Hollands 将夜间经济以"城市夜间休闲规划"（urbanplay scape of city nightlife）作为一个概念提出。

在古代中国，夜市是夜间经济活动的典型代表，"夜市千灯照碧云，高楼红袖客纷纷"便是对古时夜市繁华之景的描述。改革开放以来，城市化进程加速，城市生活节奏加快，以服务业为主要内容的夜间经济，延续了白天的商业经营与消费，能满足人们餐饮、购物、休闲等消费需求。1981 年，广州率先开辟"珠江夜游"旅游专线。2000 年前后，媒体对各地一些旅游项目开放夜间参观时段或夜市开设而引爆市场等现象进行报道时，一般以"夜游""夜间旅游""夜间游""夜生活"等进行描述。之后，许多地区纷纷发展以夜游为主体的夜间经济，并将其作为转变经济发展方式，促进城市发展的重头戏。

2. 夜间旅游的概念

"夜间旅游"作为学术研究，在国内首先见于宋雪茜（2005），其对夜间旅游的界定为：夜间旅游指在日落到深夜这一时段，在居住地周围或在旅游目的地进行的各种活动，包括欣赏夜晚的景色，参加夜间的游乐项目及在夜间的各种社交活动等内容。中国旅游研究院赵一静博士在《夜间旅游学术研究报告》（2019）中提出，狭义的夜间旅游可以定义为游客利用晚 6 点以后的闲暇时间在目的地进行的体验活动；广义的夜间旅游可以定义为游客在夜晚时段与目的地的人、事、物所引发的现象与关系总和。

3. 夜游经济的界定

综合国内外学者对夜间旅游与夜间经济的的研究，我们认为：夜游经济是以外来游客为消费主体，以旅游、购物、餐饮、住宿、休闲娱乐、演出等为主要业态类型，在夜晚目的地时空下进行的各种商业消费活动的总称。下面从活动时间、活动范围、活动内容三个方面对"夜游经济"进行再界定。

活动时间再界定

以具体的时间节点来界定夜游的活动时间，大致可界定为从晚上 6 点到次日早上 6 点的时间段。以下是三种夜游活动时间界定维度：

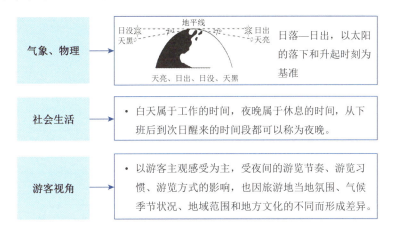

《夜间旅游市场数据报告 2019》[①] 显示：在夜游消费时段上，18：00—22：00 为夜游消费的高峰时段，占比高达到 77%，其中，20：00—22：00 的消费占到整个夜游消费的一半；从夜游体验时长来看，愿意体验 3~4 小时的游客最多，占比约为 48%，体验 1~2 小时的占比约为 28%，体验 5~6 小时的比重约为 17%，体验 7 小时以上的占约 7%。综合社会习惯和专项调研数据，可以确认18：00—22：00 为夜游经济的黄金四小时。

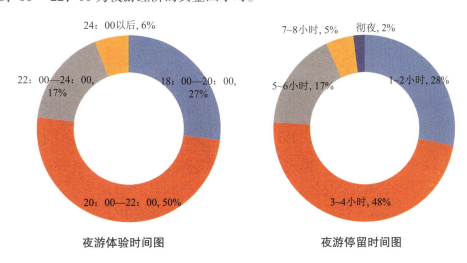

夜游体验时间图　　　　　　　　　　夜游停留时间图

资料来源：《夜间旅游市场数据报告 2019》[②]

---

① 中国旅游的研究院 . 报告发布：夜间旅游市场数据报告 2019 ［R/OL］. http://www.ctaweb.org/html/2019-3/2019-3-15-11-13-42298.html.

② 同①。

活动范围再界定

由于夜游需要考虑灯光照明、交通疏散、安全保障等系统的建设和配套，部分研究认为具备完善基础设施条件和人文资源的城市空间是开发培育夜游产品的良好"培养皿"。此外，小镇、乡村、主题乐园等目的地也凭借精心策划的产品和服务，吸引了大量游客参与夜游活动。

夜游活动空间	夜游场地条件
城市空间	灯光照明、交通疏散、安全保障等系统的建设和配套，完善的基础设施条件和丰富的人文资源
古镇+乡村 +主题乐园	夜场活动开放时段延长，精心策划的产品和服务，内外便利的交通条件等

夜游活动范围的影响因素

完备的设施条件		丰富的夜游资源

对于夜游活动范围的界定，应考虑设施条件和资源丰富度两项综合因素，景区、乡村、主题乐园等也应纳入其中。但由于时间、精力以及交通的限制，游客的夜间活动往往具有集聚性，即在一定的活动半径之内。

活动内容再界定

从广义上说，夜游活动可划分为两类：

白天的休闲活动在夜间游览的延伸	包括购物类活动、餐饮类活动、景区夜游、城市观光等
夜晚所独有的活动或主要在夜晚开展的活动	旅游演艺、灯光秀、酒吧类、KTV娱乐、音乐会等

相对白天而言，夜间是旅游过程中最能让人身心得以放松的时段，需要从主动性上对夜游活动进行再界定。赏夜景、逛夜市等涉及观光、餐饮、购物、娱乐等在内的丰富多彩的旅游活动，是人们寻求精神愉悦的外在表现形式。

总体来说，由于受夜晚时间短以及人在夜间生理活动特性的限制，夜间的活动以休闲、娱乐、体验为主，具有高消费性的特征。

（二）夜游经济特征再描述

夜游经济本身具备特殊属性，它与城市文化紧密联系，经营活动与白天经济最大的不同在于，它是一种以不具象的服务、流行文化、休闲娱乐为核心的经济活动，更加强调个性化、多元化、品牌化，更加侧重市民精神文化层面的需求，对城市经济、文化发展尤其是新兴文化产业结构的优化意义重大。具体来看，可将夜游经济的特征描述为四个方面[①]：

 ## 空间集聚性

夜游经济空间上显现为一定的集聚性。由于夜间时段的特殊性，游客无法像白天一样在大范围内进行游玩，而是在旅游地的背景下进行休闲游乐活动，所以夜游的活动范围一般集中在一两个点上，或者集聚在一定的区域范围内。这些区域多半是人流最为集中的地段或者住宿地附近，是一种小尺度范围的空间集聚。[②]

夜游主要集聚空间

城市夜游一般集中在主要的消费中心，如购物商场、休闲娱乐场所等；景区夜游往往发生在景区中心广场或游览主轴上。夜游的小尺度集聚还表现为在住宿地周围，这是由于夜游活动要受到诸多因素的影响，如安全、时间、成本等。

 ## 时间有限性

夜游的概念限定夜游只能发生在"夜间"，由于季节的不同，白天和黑夜的时间分布也不同，但夜间的时间是有限度的。从人们的生活习惯来看，从 18：00 到就寝时间一般不小于 3 小时不大于 12 小时，通常 4~6 小时居多，所以进行一次夜游在时间的总量上是有限制的，而真正的夜游活动时间通常在 1~2 小时之间。因此，在夜游产品设计时需要考虑这一特性。[③]

① 张金花，吴敏.城市"夜经济"概述［J］.学理论，2014（30）：95-96.
② 刘涛.休闲视角下成都市夜间旅游研究［D］.重庆师范大学，2012.
③ 同②.

夜游活动的时间有限主要体现在两个方面：

一是扣除交通时间成本，夜游时间有限，多集中体验节点夜游项目。

以上海游客夜游选择为例，时间有限，以下夜游项目往往只择其一。

南京路购物

外滩黄浦江夜游

图片来源：视觉中国授权使用

二是受季节影响，夜游项目开放受限，北方城市冬季户外夜游时间短。

以哈尔滨冰雪大世界为例，冰灯旅游只能在冬季的夜晚开展。

哈尔滨冰雪大世界冬季夜景

图片来源：视觉中国授权使用

文化地域性

和白天的旅游相比，夜游更依赖于对人文资源的开发和对夜晚景观的打造，这使得夜游一般产生在人群聚居的场所。一个区域都有独属于自身的文化印记，历史遗迹、博物馆的出土文物、民间艺术，抑或是长时间形成的饮食习惯等，这些共同铸就了一个地方的文化气质。

一个地方的文化印记主要体现在：

历史遗迹 ＋ 出土文物 ＋ 民间艺术 ＋ 饮食习惯 ＋ ……

此外，不同地域的文化本底不尽相同，从而体现在夜游上也千差万别，如两广地区的夜游基本离不开"宵夜"的魅力，而秦淮河流域的夜游则更多体现江南水乡的风情。在繁忙的现代社会，白天的城市或许会大同小异，然而夜间的文化气质却将各城市的文化肌理体现得淋漓尽致。因此，体验不同的地域文化，也成了夜游吸引力的重要组成部分。

参与体验性

夜游不单单是目的地的观光游览，更注重当地夜间活动的参与和生活体验。主要表现在两方面：

一是参与体验当地居民生活。

在政府引导和市场调节的双重作用下，当地居民一是作为从业人员积极参与相关的夜间活动经营；二是其生活休闲方式也可作为游客积极参与、享受夜生活的重要内容。这种参与不同于其他景区景点的表演模仿式的参与，更加贴近真实生活，是当地居民日常生活的重要组成部分，由于当地居民的示范性作用，往往会吸引更多的游客关注并参与其中。[1]

主要从业人员 ＋ 夜间活动经营 ＋ 真实生活场景 ＋ 积极参与示范

> **案例链接：杭州茶馆体验**
>
> 杭州茶馆遍布全城，当地居民喜欢晚间在茶馆中喝茶、聊天，展现了一种真实的生活场景，体现着他们对闲适生活的追求，极具感染力，让游客也不禁想参与其中进行体验。

二是游客的主动参与体验。

夜游往往以休闲方式展开，如购物、餐饮、娱乐等活动，游客作为参与主体，积极参与整个过程，表现出较强的随意性和附属性，常因夜间停留或某一事件行为促动而参与其中。

---

① 刘涛 . 休闲视角下成都市夜间旅游研究［D］. 重庆：重庆师范大学，2012.

| 主要参与主体 | + | 全程参与其中 | + | 停留的随机性 | + | 活动的附属性 |

案例链接：豫园元宵节

　　每年豫园元宵灯会举办期间，赏花灯、猜灯谜等活动会吸引路过的游客参与，在参与的过程中可以感受热烈的节日气氛，深入体验当地的民风民俗，留下更难忘的记忆。

图片来源：视觉中国授权使用

二、夜游经济的作用

（一）之于区域品牌：提升旅游目的地综合实力，打造城市新名片

　　城市经济学理论表明，现代大都市的特征之一就是城市功能由生产向消费的转变、城市空间的美化和城市生活质量的提升同步完成。以夜游经济为代表的夜间经济是以现代服务业为主体的城市消费经济的时空延伸，是伴随现代城市人生活方式转变而产生的一种经济与文化相交融的现象。

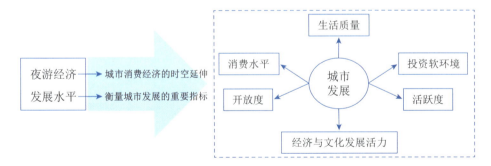

　　夜游经济发展水平同时展现城市消费水平、居民生活质量、产业活跃度、城市开放度和投资软环境等。因此，夜游经济发展水平成为衡量城市经济与文化发展活力的重要指标。

　　作为发展夜游"排头兵"的上海、广州、重庆、杭州、长沙等城市，人们逐渐形成了以夜游观光、逛街购物、娱乐休闲为特色的夜游消费习惯。夜游独具魅力，在为游客展现城市活力的同时，也有效带动了地方经济的增长。

图片来源：视觉中国授权使用

夜游城市一般可以将最新的声光电科技与现代艺术创意结合，从而创造夜游新景观。青岛上合组织峰会后的灯光秀、南充主城区春节灯光秀、西安大唐不夜城盛景等都为城市传递出了新名片、新形象。"酷"时代的都市夜游还以形式新颖与业态多元满足了新一代青年的情感体验，它以一种新的品牌价值吸引四面八方的来客，成为城市的新品牌。丰富的文娱休闲活动和体育赛事，为城市生活场景勾画了一张活的地图。政府管理水平的提高和公共服务品质的提升，与城市夜间经济的发达水平成正比，将勾画城市的新格局。[①]

目前，城市管理者迫切希望以"城市名片"作为切入点，在全国乃至国际范围内扩大城市的影响力和美誉度，而夜游经济构建经贸、文旅、民生三大城市新名片，成为政府的重要抓手，从而获得快速发展的机遇。

夜游经济 构建三大 **城市新名片**		
经贸 新名片	**文旅** 新名片	**民生** 新名片
·展示发展成果 ·撬动夜间GDP	·丰富旅游业态 ·创新文化展示	·照亮城市 ·点亮民心

（二）之于产业发展：带动区域旅游产业链发展，促进产业融合

夜游经济在自成消费内容创造价值的同时，刺激餐饮业、零售业、娱乐业、文化艺术业、住宿业等相关业态的消费，带动目的地旅游产业链的发展，同时为城市提供更多的就业岗位。

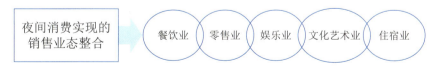

夜间经济的市场规模大，带动效应强，受益最为明显的就是住宿业和餐饮业，以及

---

① 金元浦.如何让夜经济真正唤醒沉睡的都市［N］.中国旅游报，2019-09-08.

景观照明产业。

案例链接：西安大唐芙蓉园 [①]

西安以大唐芙蓉园等提供夜游项目的景区为蓄客手段，有效增强了食、住、行、游、购、娱等各类旅游要素之间的联动性，成功推动西安整体旅游产业链的发展，大大刺激了区域内住宿业和餐饮业的发展。

图片来源：视觉中国授权使用

| 夜游项目引爆 | → | 区域旅游集散
旅游转换中枢 | → | 旅游产业融合
可持续旅游产业链 |

大唐芙蓉园通过夜游项目打造，已成为区域内的游客集散中心、旅游转换中枢，促使白天各景区的游客在这里汇集，促进了旅游产业各环节的融合发展，形成了可持续的旅游产业链。

（三）之于旅游体验：营造多维度旅游体验空间，提升旅游供给品质

随着夜游的不断深化发展，城市建设、旅游开发等领域也更加重视夜游项目的打造。无论是表现形式还是规模体量，都变得更加多种多样。景区、街区以及某些城市地标的夜游项目越来越具有吸引力，甚至成了城市宣传的新名片。因此，未来夜游项目的打造，更要关注场景设计和用户体验，以营造多维度、多层次的夜游空间。

| 景区旅游资源深度开发
打造夜游吸引力 | → | 引发游客情感共鸣
满足游客高品质旅游需求 |

多维度
沉浸式体验空间

多角度场景化环境

灯光、置景、多媒体等渲染手法

情感共鸣

异地生活融入感

审美诉求和情感诉求

资料来源：戴斌，赵一静.夜间旅游学术研究报告［R］.中国旅游研究院，2019.

依据心理学原理，人在夜晚更容易产生思考，情绪也更加细腻。因此，在旅游项目

---

① 康冀楠.夜游点亮夜开封［N］.开封日报，2019-04-23.

的打造上，也更应该考虑这个现象，从而进一步激发游客对目的地的感性思考，让夜晚成为游客的情感寄托，从而制造更多的"心动瞬间"与"动人回忆"，让游客不知不觉中通过夜游爱上一座城市。

> **案例链接：奥兰多迪士尼阿凡达世界**
>
> 奥兰多迪士尼的阿凡达世界，其夜间场景氛围营造得极其唯美，园内设有3D骑乘体验。游客乘着小船体验纳美河之旅，包围在发光的植物之中，加上飘浮山倾泻而下的瀑布等，很快就会沉浸在阿凡达的多维度空间中，其旅游体验效果远远高于白天。

（四）之于市场消费：延长旅游时间，刺激社会消费

游客的停留时间一直是旅游竞争力和吸引力的重要衡量指标，延长游客停留时间，构建"全天候"的旅游产品，可大幅度提升景区旅游收益。相关研究显示：如果一个旅游景点仅能让游客游览2小时，便仅能获得一张门票收入；如果延长至4小时，则可能获得门票与餐饮的收入；如果再增加景区内容，丰富其夜间项目，则能够获得门票、餐饮、住宿、购物、休闲等多种收入，旅游收益就可能成倍增长。[1] 因此，夜游能延长旅游时间，刺激社会消费，实现真正的时间上的"加法"，效益上的"乘法"，其对旅游目的地发展的作用毋庸置疑。

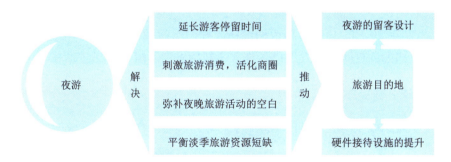

资料来源：戴斌，赵一静.夜间旅游学术研究报告［R］.中国旅游研究院，2019.

在提高市场竞争层面，随着旅游景区数量的快速增长和区域旅游合作的加强，旅游区域和旅游线路上的旅游景区间的竞争将更多体现在停留时间和住宿率上。一方面旅游目的地的硬件接待设施普遍提升，另一方面游客的需求向高层次提升，游客的停留和住宿需要更加充分的理由，能不能把游客"留下来"，能够使其留下多长时间更多取决于夜游项目的设计上。[2]

---

① 王一美.新兴中小城市绿色照明设计的研究［D］.大连：大连工业大学，2011.
② 绿维创景.打造景区夜间旅游吸引力［OL］.http://focus.lwcj.com./w/Focus Report 091217001–1.html.

据统计过夜游客总消费的62.5%发生在夜间，过夜游客的消费一般可以达到一日游的3倍。

旅游消费昼夜对比一览表

昼夜对比	白天	夜间
营业时间	8 小时	16 小时
消费占比	24%	76%
游客理智程序	高、谨慎	低、易冲动
游客情感	偏理性	偏感性、易产生共鸣

资料来源：中华人民共和国国家旅游局.旅游抽样调查资料 2017［M］.北京：中国旅游出版社，2017.

三、夜游经济发展现状

（一）政府层面：重点鼓励支持，营造产业发展新环境

目的地城市进入了以消费带动地方经济发展和转型升级的新时期，深挖本地居民和外来旅游者的消费需求成为各地经济发展的重点。夜游以时间做加法，深挖夜间红利，不仅可以延长旅游者逗留时间，提升旅游资源、休闲设施设备的利用效率和目的地旅游竞争力，还可以通过新消费需求拉动地方经济和关联产业发展，形成目的地经济发展新动力和产业发展新热点，赋能地方经济发展。

截至 2019 年 10 月，全国发布夜间经济、夜间旅游相关规划政策的城市已有 40 余家，这意味着国内的夜间经济发展已经进入了初始发展阶段。[①]

◉ 2004 年·青岛市

《关于加快发展市区夜间经济的实施意见》（青政办发〔2004〕38 号）

通过发展 7 处餐饮休闲街区、6 处夜间购物街区、夜间文化娱乐（100 家娱乐演艺场所 +10 处文化活动广场）、夜间旅游活动（沿海亮化 + 景点夜间开放）、10 处夜市等举措和重点工作，启动青岛的夜间经济，将岛城打造成真正的不夜城。

图片来源：视觉中国授权使用

---

① 赵一静 . 2019 中国夜间经济发展报告［R］.中国旅游研究院，2019–11–16.

◉ 2010 年·河北省

《河北省人民政府关于加快发展城市夜经济的指导意见》（冀政〔2010〕103 号）

明确以石家庄为重点，逐步向秦皇岛、邯郸、唐山等城市区发展的区域格局；要求夜经济零售总额占社会消费品零售总额比重达到20%（即3亿元）以上，将进行综合考核，并提出完善公交配套、安全保卫等七大设施配套和给予专项资金及税收减免等政策支持。

图片来源：视觉中国授权使用

◉ 2014 年·重庆市

《重庆市人民政府关于发展夜市经济的意见》（渝府发〔2014〕27 号）

重点在主城区通过打造夜市街区、丰富业态种类、完善配套设施等促进夜间消费、发展夜市经济，到2020年新增社会消费品零售总额500亿元以上，占全市社会消费品零售总额的比重达到5%以上。

图片来源：视觉中国授权使用

◉ 2018 年·西安市

《关于印发推进夜游西安实施方案的通知》（市政办发〔2018〕28 号）

以夜游经济提升为突破口，形成观光游憩、文化休闲、演艺体验、特色餐饮、购物娱乐五位一体的产业发展模式；明确到2020年，全市完成五大类别的夜景亮化工程，特色夜游街区达到30个，新增社会消费品零售总额500亿元以上，"夜游西安"成为古都旅游形象的新亮点。

图片来源：北京国艺中联文投科技股份有限公司授权使用

···◎ 2018 年 · 天津市

《关于加快推进夜间经济发展的实施意见》（津政办发〔2018〕45 号）

通过打造夜间经济示范街区，繁荣"夜游海河""夜赏津曲""夜品津味""夜购津货"四大夜间消费体验活动，推进夜间经济发展和消费升级，激发城市活力。

2019 年，各地政府对夜间经济发展的推动进入高潮。截至 8 月，已有南昌、上海、济南、北京、广州等重点城市相继出台夜游经济发展政策，且以行动方案或实施意见为主，从发展举措、综合管理、保障支持等方面进行了引导和支持。

图片来源：视觉中国授权使用

（二）企业层面：纷纷试水布局，绘就夜游经济新蓝图

随着"智慧城市"建设和"美丽中国"不断深度融合、共同发展，城市夜游经济的迅猛发展无疑拓展了多媒体声光电的应用范围，文旅行业以及城市景观照明行业迎来了前所未有的发展机遇和挑战。

夜游经济行业的高速发展将带动相关业态、产品的创新探索。以夜景塑造为例，从点亮建筑的照明亮化，到"激光秀＋灯光变幻＋烟雾"的效果呈现，再到融入故事情节的灯光秀演，为目的地夜游经济的发展塑造氛围、打好基础。

南充市嘉陵区城市夜景照明工程
图片来源：中视巅峰授权使用

西安高新区重点商业区域照明提升工程
图片来源：天和照明授权使用

其中，中视巅峰依托巅峰智业在文旅行业的丰富经验和中视光影在演艺灯光领域的技术优势，推出了"文化＋科技＋旅游"的全新夜游产品——"巅峰震撼"系列光影剧，成为景区及目的地提质升级、优化产业结构、挖掘增量消费市场的重要手段，有效助力

了夜游经济的发展。

大型实景沉浸式体验魔幻光影剧《满秀》　城市主题无真人演出实景光影剧《天海传奇》

图片来源：中视巅峰授使用

《夜间旅游市场数据报告2019》①显示：在夜游项目的投资模式方面，旅游企业更倾向与政府合作或与国内其他企业合作。

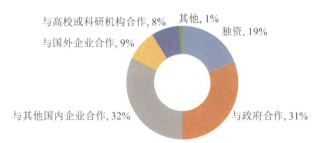

旅游企业投资夜游项目的情况（按夜游项目投资模式计）

（三）市场层面：夜游需求旺盛，成为释放消费新选择

随着旅游业和城市化的不断发展，人们的生活规律发生了巨大的改变，夜晚的休闲活动、文化娱乐、交际应酬、缓解压力成为现代城市人重要的生活方式。②

---

① 中国旅游研究院.报告发布：夜间旅游市场数据报告2019［R/OL］. http://www.ctaweb.org/html/2019-3/2019-3-15-11-13-42298.html.

② 张振鹏.如何构建城市"夜经济"的发展模式［N］.中国文化报，2017-11-11.

夜间消费

城市居民和外来人群的必然需求　　城市发展进程中的自然现象

夜游是文化和旅游融合发展的需求新潜力、供给新动能，也是国家和地方高质量发展的政策新方向、效能新提升。[①] 同时，以年轻人为主的客户群体，在消费内容上日趋多元，对休闲体验类旅游产品的需求也更加急切，旅游消费面临质量升级和结构优化等问题，夜间所营造的轻松休闲的氛围和丰富多样的消费业态使夜游成为旅游者释放消费需求的新选择。

（四）总体发展：发展良莠不齐，但夜游经济潜力巨大

尽管夜游加速了城市夜间经济的发展，但夜游项目的开发也受到区域气候条件、居民消费水平、政府支持力度等因素的制约。总体存在以下几个问题：

缺乏统一规划　　项目类型单一　　配套设施不完善

夜游经济整体处于良莠不齐的发展阶段

缺乏统一规划，引导管理有待加强

长期以来，人们对夜游的理解存在误区：市政眼里的夜游约等于城市亮化，景区理解的夜游约等于旅游演艺，游客想象中的夜游近似夜市小吃……然而，真正的夜游是随着社会经济、市场需求、消费升级不断变化的。夜游既可以有餐饮休闲，也可以有购物娱乐，其领域之复杂、程度之深，绝不可将其与任意一个夜间项目画上等号。

✓ 需要政府将其纳入城市总体发展规划中全盘考虑；
✓ 对参与夜间经济的经营企业、消费者和相关主体进行指导、组织和管理；
✓ 针对由于缺乏足够的引导、组织、管理和规划而产生的污染、扰民、治安等系列社会问题进行全面的预案。

---

① 戴斌.夜间旅游正当时［OL］. http://www.ctaweb.org/html/2019-3/2019-3-15-11-11-60474.html.

项目类型单一，文化内涵仍待挖掘

夜游产品的特色和魅力是夜游市场得以健康发展和长期繁荣的最大推动力。发展夜游经济对历史文化名城或历史文化街区而言无疑是重大机遇，现阶段我国很多城市虽然已具备了一批夜游项目，但是由于初期缺乏科学规划，盲目"上马"，大多数项目规模较小，内容贫乏，彼此雷同，缺乏富有地方特色文化、较大规模设施、新颖创意的产品。

核心课题

每一个区域都有着历史馈赠的独特文化内涵与肌理。大到古城、古镇、古村，小到古树、古井、古文物，每一处都透露着独特的吸引力。灯光、演艺只是展现文化的载体，优秀的技术可以推广，然而独特的文化却无法替代。因此，充分激活文化的活力是出奇制胜的关键。

配套设施不完善，夜间服务质量亟须提升

夜间消费市场的健康发展离不开良好的市场环境和服务。目前，我国部分城市在发展夜游时，面临着购物环境与商业氛围不佳、夜间公交通行时段受限、商圈营业时间太短等问题。

核心课题

✓ 完善基础配套设施，提高整体服务水平成为发展夜间经济需要解决的首要问题；

✓ 适当延长公交运营时间，合理增调运营线路；

✓ 推广商业、餐饮、娱乐等行业的夜间延时服务，逐步形成适合 24 小时消费的经营服务形式，以更好满足消费者夜间消费需求；

✓ 规范经营服务，对各种类型的餐饮、娱乐场所实施规范化管理，营造文明服务的消费环境。

旅游业是服务型产业，其特点是生产与消费同步进行。因此，在发展夜游时，除了设计产品，也应不断升级夜游服务，从而"双剑合璧"，形成良好的带动作用，拓展夜游市场。

CHAPTER THREE
第三章　夜游经济发展趋势

夜游经济的发展并非是一蹴而就的，而是经历了从夜晚的照明到夜景的美化亮化，再到现在的多元业态初现这样的迭代过程，每一次的迭代都在推动夜游经济持续向前发展。未来，随着科技的更新和需求的升级，夜游经济还将呈现出新的发展趋势：沉浸式夜游深化发展、文旅夜游 IP 成为市场新热点、目的地夜游发展系统化等，本章内容将为夜游经济的长远发展提供一定的启示。

一、创新科技手法

夜景塑造作为城市夜游发展的基础，科技化应用水平在不断提高。夜景塑造时，不仅要考虑被照表面的光照度、亮度、显色性及光环境等视觉效果，同时，随着人们思想意识、生活方式的不断改变和技术水平的不断提高，灯具、光源、材料、风格与设计方式都发生了很大的变化。

近年来，夜游的蓬勃发展对夜景塑造的要求不断提高，主要体现在两方面。

一是更注重游客的参与感。	二是灯光的节能与智能化要求。
夜游产品尤为注重与游客的交互，集文化艺术、光影设计和互动演绎于一体的综合性视听产品成为夜游的爆点。同时，声光电、视觉技术等科技手段不断创新、广泛应用，大大提升了夜游产品的视觉冲击和体验度，获得了良好的口碑和经济效益。	高效节能的"LED+智能"在照明领域得到大量推广应用，并催生 EMC* 业务市场。"LED+智能"照明系统可通过组网集中控制，拥有便捷、高效和节能的优势。网络化的照明控制正在快速发展，与智慧城市、智慧景区、智慧场馆管理相联系，未来将提供城市运营市场空间。

夜游未来将趋向科技化、智能化发展。以杭州 G20 峰会灯光秀为例，其正是以智能控制技术为支撑，将光、电、声、水等艺术渲染相互融合，打造出的信息化、特色化、画卷式视觉盛宴；2019 年国庆开演的顺德华侨城光影空间秀，也充分运用了声光电技术，融入了音乐和演出，配合节假日实现了相应氛围的营造。

案例链接：顺德华侨城光影空间秀《声光电水舞》

《声光电水舞》作为落地主题公园的国内首个光影空间秀，运用了国内顶尖的水景喷泉系统、水景灯光系统、音响系统、控制系统、全息投影等技术，在特定节假日配合音乐和演出，营造出求婚、跨年秀等如梦似幻的唯美感觉。

图片来源：巅峰智业、创一佳授权使用

---

* EMC：即合同能源管理（Energy Management Contract），是一种新型的市场化节能机制。EMC 公司作为节能服务公司，通过带资为企业实施节能改造。

此外，5G、AR、VR、人工智能等创新科技也将广泛应用于文化演出、旅游演艺、科技展演等夜游项目中，不断丰富游客的体验场景与内容。

二、激活沉浸式体验

（一）沉浸式体验的概念与分类

沉浸式体验即通过全景式的视觉、触觉、听觉、嗅觉交互体验，使游客能够"身临其境"。按照主题特色可分为两类：一类是主打剧情的场景体验，以沉浸式戏剧为代表，起源于英国，受美国百老汇文化影响；另一类是更注重科技产品的场景体验，以Teamlab制作的各类沉浸式体验为代表，其特点是轻剧情、重场景。

案例链接:《不眠之夜》沉浸式戏剧

  简介:《不眠之夜》改编自莎翁戏剧《麦克白》，被誉为"沉浸式戏剧的巅峰代表之作"。该剧完全打破了传统的剧场的规则，重新定义了观众与演出者之间的关系，在该剧中，每位演员都是一条独立的案件线索，观众可以自行选择跟着哪个演员观看演出。该剧起源于伦敦，发扬于纽约，至今已有2300场演出，吸引了几十万名观众观看和追捧，一举获得了纽约戏剧委员会奖独特戏剧体验奖以及奥比奖的设计及编舞特别奖。

  特色: 主打剧情体验。

案例链接: Teamlab 花舞森林与未来游乐园

  简介: 在电脑编程、传感器、投影灯光、互动动画、音乐效果和玻璃组成的奇妙空间里，打造梦幻虚拟花海，带领游客开启一场全新的艺术体验与自拍之旅。

  特色: 轻剧情、重场景。

图片来源：图虫网授权使用

（二）沉浸式体验的应用

随着智能化与科技化的普及，沉浸式体验已逐步渗透到旅游产业的方方面面。一方面，"食、住、行、游、购、娱"等旅游要素将与沉浸式体验全面融合。

食	利用3D投影映射技术和动作捕捉技术把餐桌变成一场有趣表演秀的"舞台"，采用360度全息投影技术让游客置身于沙漠、雪山、海底等场景体验用餐。	全息餐厅体验  图片来源：图虫网授权使用

住	通过VR投影技术打造VR酒店，游客可通过手机自行控制投影，变换房间主题，满足用户的个性化需求。	ＶＲ酒店  图片来源：视觉中国授权使用

购	将3D全息投影技术与产品广告结合，使产品的视觉效果更加震撼；配置VR试衣镜，选中心仪服饰的顾客只需站在镜前，魔镜自带识别功能，帮你一秒钟换装。

另一方面，沉浸式体验在夜游产品的开发中应用也越来越广泛。近年来，国内外知名景区和主题公园纷纷上线沉浸式体验项目，极大地丰富了游客的旅游体验。如美国奥兰多迪士尼 2017 年 5 月 27 日开业的"潘多拉：阿凡达世界"主题乐园中有两大沉浸式体验项目深受游客喜爱，一个是"纳美河之旅"项目，游客可乘船穿越荧光森林，感受夜景中各种发光生物的奇妙；另一个是"飞行通道"项目，游客可以借助 VR 技术感受骑乘斑溪兽飞越潘多拉上空的刺激。

全新的沉浸式体验不仅满足了大众日益增长的体验化、个性化需求，更是新一代消费者所青睐的旅游新形式。随着沉浸式旅游体验的兴起，将使人类的旅游娱乐进入"时空穿梭"和"虚拟世界"时代，夜游也将迎来体验化的新时代。

三、做透文化夜游 IP

（一）文化夜游 IP 的重要性

做大、做好、做透主题 IP 是当下景区扩大夜游影响力、吸引夜间游客的有力手段。中国旅游研究院文化消费专项调查显示，51.78% 的受访者认为：文化消费能提高人的生活质量和幸福感，比衣食住行更重要；38.74% 的受访者认为：文化消费属于生活必需品，跟衣食住行一样重要。可见，人们愿意投入更多精力和金钱享受精神生活，愿意为更多更好的文化体验服务买单。基于我国夜游市场的缺口以及游客诉求，发展夜游经济需突出区域的特殊性和独特性。因此，主题化 IP 塑造是目的地夜游经济可持续发展的重要保障。[①]

我国基于文化体验的夜游产品供给单一，开发初级

《夜间旅游市场数据报告 2019》[①]显示：72.99% 的旅游企业提供的夜游产品品类的比重在 30% 以下，产品供给单一。且不少地方的夜生活基本停留在逛夜市、吃小吃、观夜景的阶段。旅游市场上普遍缺乏既能体现当地地域文化，又能融合地方景观的夜游产品。

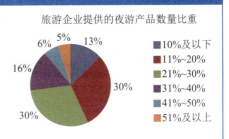

旅游企业提供的夜游产品数量比重

- 10% 及以下
- 11%~20%
- 21%~30%
- 31%~40%
- 41%~50%
- 51% 及以上

体验地方独特性逐渐成为大多游客的旅游诉求

对地方差异性、独特性的感受和追求是大多数游客出游的主要目的。相比于传统日间旅游，夜晚的休闲氛围更有助于游客对当地文化的感知与生活方式的体验。《夜间旅游市场数据报告 2019》显示：体验当地街巷集市的氛围（97%）以及品尝夜市美食（90%）最受游客青睐。

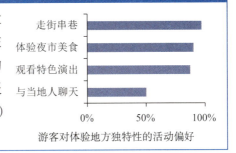

游客对体验地方独特性的活动偏好

（二）文化夜游 IP 的塑造

做透夜游主题 IP 的关键是要在夜游项目的开发设计中，引入更多的人文资源，更好地利用本地特色的文化元素，开发出具有个性和特色的夜游产品，突出当地的魅力，形成自己的主题 IP。

其中，灯光＋故事成为夜游产品很好的结合方式。基于 IP 故事延展的灯光秀，有情节、有故事性，能更深入人心，使人难以忘怀，同时具有先天的观众基础，易引起游

① 戴斌，张佳仪.夜间旅游市场数据报告 2019［R］.中国旅游研究院，2019.

客共鸣，从而调动游客消费情绪。

案例链接：大阪环球影城灯光秀

　　简介： 大阪环球影城将哈利波特这一具有全球知名度的超级IP与声光电艺术效果相结合，每年圣诞季上演一场冬季限定灯光秀。通过光影展现了四座魔法学院的历史故事，再现了魔法的魅力，激起了无数"哈迷"的热情，大大提升了景区的夜间吸引力。

　　特色： 超级IP+灯光秀。

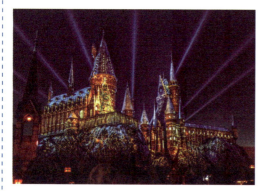 

图片来源：图虫网授权使用

（三）文化夜游IP的品牌化

　　夜游项目在主题化IP塑造的过程中同样需要加快品牌化建设，形成品牌效应和聚集效应，在目标市场获得广泛而持续的吸引力。结合生命周期理论，主题化IP的品牌建设一般可分为三个重要的阶段：品牌定位阶段—品牌延伸阶段—品牌再活化阶段。

第一阶段——品牌定位阶段

　　特点： 品牌初立，确定目标市场定位、品牌形象定位和产品路线定位。

　　任务： 以主题IP为核心，打造一系列既适应市场需求，又能体现地方特色元素，兼具体验功能的夜游产品，创造人无我有的品牌竞争优势，形成聚集人气的品牌效应。

第二阶段——品牌延伸阶段

　　特点： 具备一定市场认可度和品牌知名度，需不断延伸相关产品链。

　　任务： 围绕主题IP，重点培育夜间观光游憩、文化休闲、演艺体验、特色餐饮、购物娱乐五大业态及产品，形成一批具有地方特色的夜游项目。

第三阶段——品牌再活化阶段

特点： 进入项目的成熟后期，市场认可度下降，游客数量呈现明显下降。

任务： 注重夜游项目的创新及品牌活动的常态化，如根据市场热点制造新话题，利用新科技增设夜游新项目，根据新理念开发夜游新产品，定期开展特色体验活动并经由新媒体渠道进行传播等。

品牌化建设是夜游项目可持续发展的保障，围绕主题 IP，注重夜游产品的推陈出新和品牌活动的常态化运营，形成独特市场竞争力，推动目的地旅游全时、全景、全产业发展。

四、夜游发展系统化

夜游经济涉及面广，就单一夜游项目而言，其投资决策、规划建设、运营管理是一个系统化工程，每个环节均需统筹考虑，尤其是在投资决策阶段，需要综合考虑市场、区位、资源等因素；夜游产品体系的构建，不仅是满足游客"食住行游购娱"六大功能性需求的空间范围整合，同时也是以核心品牌引领的系统化夜游产品重构。此外，夜游经济的发展需要政府、企业、社区等多主体共同参与，统筹协调推进。因此，目的地夜游经济的发展需要系统规划，政府、企业、社区等多主体共同参与，统筹协调推进。

（一）系统化投资决策分析

对于夜游项目的开发，在投资决策阶段应科学理性判断市场需求，并分析是否具备投资条件。综合相关夜游项目的投资成功经验，在对夜游项目的投资区位进行选择时，需要综合考虑几方面因素。

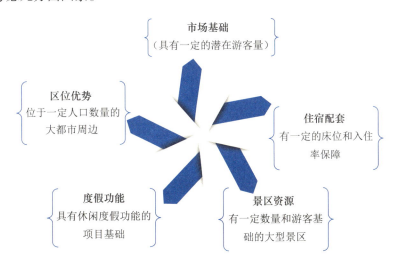

（二）夜游产品的系统化构建

"食、住、行、游、购、娱"作为旅游的六大基本要素，其相关业态功能的配备也同样是夜游经济发展的重要保障。在夜游产品体系的规划设计中需要综合考虑是否能满足夜游客群的六大基本功能性需求。

夜游产品的系统化构建还应围绕目的地夜游的核心主题品牌，开发相应主题的夜游产品，并统筹安排主题活动和配套服务。如西安夜游，围绕"唐文化"，拥有大唐不夜城、《长恨歌》旅游演艺、"西安年 最中国"品牌活动、夜游城墙等唐朝主题的夜游产品和特色活动。

（三）多主体统筹协调推进

夜游经济的发展涉及政府部门、投资运营企业、外来游客、当地社区居民等多方主体，其可持续健康运行需要各相关主体统筹协调推进。政府及主管部门应从思想上重视夜间经济，在政策上为夜间安全、交通应急设施、公共服务、休闲时间提供协调与保障。城市夜间经济的发展应注重资本渠道多元化，充分发挥其市场作用；同时扩大市场主体，丰富夜间休闲与旅游产品品类。[①]

以天津夜景运行维护管理机制为例，为了保障海河两岸夜景灯光设施完好率98%、开启率95%，天津市政府不仅制定了《海河夜景灯光设施管理办法》，还对市容园林委、所在辖区人民政府、交通运输委员会、电力公司、城投集团等进行了相应的职责分工。夜游经济继续发展壮大，从供给侧而言，更加需要政府大力支持、多方主体参与、各级部门配合，通过系统规划、差异布局、稳步推进，进一步完善基础夜游设施，丰富夜游休闲度假产品，打造城市夜游产业链，为游客提供更多夜间消费的空间。

五、拓展多元消费

（一）夜游消费市场潜力大

夜游参与度高、消费旺盛，正处于快速发展阶段。中国旅游研究院《夜间旅游市场数据报告2019》说明，夜游消费已成为旅游目的地夜间消费市场的重要组成部分。国

---

① 赵一静. 2019 中国夜间经济发展报告［R］. 中国旅游研究院，2019.

内旅游平均停留时间为 3 天，人均夜游停留时间为 2.03 晚，游客夜游需求强烈，与游客在白天以游览性消费为主不同的是，夜游需求更多元，且以夜间演艺、休闲活动等文化体验为主，随着夜游产品的丰富多元，未来夜游需求将持续旺盛。据统计，不包括住宿、交通，人均夜游花费 201~600 元的占比达 54.9%，总体市场规模呈现放量趋势，夜游消费的潜力巨大。

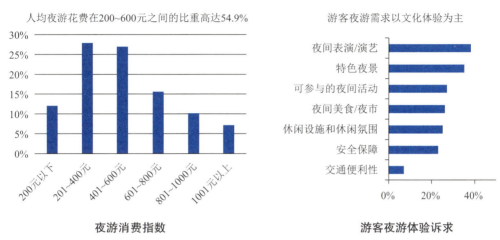

夜游消费指数　　　　　　　　　游客夜游体验诉求

资料来源：戴斌，张佳仪.夜间旅游市场数据报告 2019［R］.中国旅游研究院，2019.

（二）丰富夜游项目的内容和形式

拓展多元化的夜游项目，丰富游客夜游体验，促进夜间消费，成为亟待解决的关键课题。放眼世界，如哥本哈根、伦敦、首尔等世界旅游城市，成功的夜间休闲和夜游项目往往以文化艺术和城市空间为依托，融以光影秀、灯光雕塑、灯光交互装置，加入沉浸式表演和休闲娱乐的互动，吸引市民和游客的广泛参与。夜游项目应以市场需求为导向，以"打造核心吸引力"为目的，综合多种旅游产品形式，形成多元化的夜游消费体系。

（三）创新夜游产品类型

在夜游网红项目层出不穷，潮流瞬息万变的当下，故步自封只会快速"过气"。只有准确调查分析现有市场特点，深挖消费者的需求，通过创新才能获得持续的竞争优势，创造出引领市场潮流的夜游产品。

六、提升艺术化水平

人们日渐增长的多样化、多层次文化审美需求，对夜游产品的艺术性提出了新的要求。在夜游的体验氛围中，游客不再像白天游览那样容易受到各类干扰，更容易沉浸于夜游项目设置的场景和氛围中，这也给夜游产品的创作者提供了更好的背景。让夜游场景呈现出富有艺术性的文化故事，通过各类艺术创作与新技术的结合，给游客带来极具感染力的体验，有故事的夜游更为游客所难忘。

（一）重视文化艺术内容的挖掘

夜游的兴起是城市经济发展到一定水平的产物，它既不同于狭义的"夜晚旅游"，也不能简单地将其等同于旅游资源的夜间开放，它更侧重于有针对性地对地域文化旅游资源进行综合开发并设计适于夜间的旅游产品。挖掘地域文化的根本在于在地化元素的提炼，主要来源于人、文、地、景、产五个方面。如《印象·刘三姐》取自广西地区的民间故事及人物，通过当地民歌和舞蹈演绎当地风俗与文化。

> 人：历史人物、宗教人物、家族人物，如文人墨客、名人等。
> 文：历史遗迹、非遗文化，如村规民约、花灯戏、山歌。
> 地：地形地貌，如山地、溶洞、沟谷。
> 景：特色建筑、自然景观，如吊脚楼、寺庙、旧址、景观石。
> 产：美食、技艺、作物，如知名菜品、农作物、编制手工艺品等。[1]

部分目的地夜景打造偏好炫酷华丽堆叠，但在当前的国情、国力下，过于追求奢侈豪华的大场面、震撼酷炫的效果和怪诞奇异的灯光雕饰，往往适得其反，应慎用"堆叠

---

[1] 北京巅峰智业旅的文化创意股份有限公司.图解文旅特色小镇开发与理论实践［M］.北京：旅游教育出版社，2018.

式"夜景设计理念。

（二）注重呈现方式的艺术化

当代夜游产品不仅要有技术，更要有审美和文化，因此，夜景塑造最重要的就是进行二次审美创造。通过深度挖掘当地的历史文化和民俗风情，以光为媒介，采用恰当的灯光技术表达设计艺术理念，体现当地文化的同时，增强空间韵律感和节奏感，调动游客身心感官的参与，激起一系列的情感共鸣，从而形成集美观、功能、情感和文化为一体的独特夜间景观，营造出具有文化内涵的夜景。

案例链接：京杭大运河杭州景区夜景亮化工程

点亮重要节点：

用灯光打造"文化＋美景"主题。通过重点点亮江桥暮雨、半道春红、西山晚翠、富义流馀、武林问渡、桥西人家等具有浓厚杭州本地历史文化气息的经典景点，串珠成链，形成一条画卷式的璀璨夜景长廊。

创新设计理念：

以动态光影的形式来再现区域历史底蕴和文化风情。在尊重当地历史传统与民俗文化的同时，又采用创新智能技术，呈现精美绝伦的效果。

图片来源：视觉中国授权使用

此外，要注意利用大众传媒宣传审美、时尚，并融入旅游领域，不断提高受众和体验者的审美力，从而倒逼内容生产机构和公共事务管理机构持续提升自己的生产和管理水平，打造出契合本地民俗风情及文化底蕴，并兼备精致、创意、壮阔等特点的夜景灯光景观，从而做到真正意义上的景观与文化有机融合。

第二篇

明道

明道，真知也。在国家战略、城市发展、企业运作、民众需求的推动下，夜游逐步成为美好生活的重要组成部分，但是对于夜游经济怎样发展，各方还是莫衷一是。

本篇引入巅峰智业创始人刘锋博士在2016年满洲里全域旅游规划上率先提出的"六夜"理论（夜景、夜演、夜宴、夜购、夜娱、夜宿），并在此基础上，整合前沿观点、市场需求与实操经验进一步深化，提出了相应的发展路径。

纵观"六夜"的发展，可知每一"夜"都对夜游经济意义非凡：夜景是基础，多以景观亮化的形式呈现，但随着"禁止过度亮化"等政策要求的提出，基础照明的需求将呈收紧之势，未来有内容、有科技含量的亮化需求将扩大，行业要把握机会适时转型；夜演是引爆点，其存在可以快速炒热目的地或项目，拥有清晰盈利模式的演艺可以率先抢占夜演的市场，但随着同质化产品的出现，未来还需要做活体验并不断创新营收模式；而夜宴、夜购、夜娱、夜宿组成的"夜态"，是夜游发展的细胞与血肉，它们支撑了城市或文旅项目地夜间的消费与体验，因此要培育更多高品质的经营业态，并不断创新营销宣传手段，激活既有"夜态"，促进夜游经济的健康发展。值得注意的是，"六夜"的发展上并非要齐头并进，而是需要结合地方与项目实际发展需求与阶段，分期分批、各有主次地组合推进。

夜游业态"六夜"

夜景 智慧亮化，点亮城市

夜演 动感歌舞，夜色未央

夜宴 地方风味，舌尖体验

夜购 精致商品，欢购全城

夜娱 越夜越嗨，别样体验

夜宿 特色住宿，舒心入眠

CHAPTER FOUR

第四章　夜景：智慧亮化，夜色未央

　　明月升起、华灯初上、烟火升腾、流光溢彩，从视觉盛宴到感觉体验，夜景使城市摆脱了黑夜的束缚，多维度地满足了游客需求。夜景也是夜游经济发展的基础，是不可或缺的组成部分。本章梳理了夜景在中国的发展历程，并借鉴国内外知名案例，梳理了夜景打造要点。众所周知，不同类型的目的地照明的应用场景是不同的，本章内容也结合在地化场景提炼了夜景打造的实践技巧。

一、我国夜景塑造发展历程

夜景塑造即利用灯光将城市或某区域内的建筑物、构筑物、广场、道路、桥梁、园林绿地、江河水面、商业街等景观加以重塑，并将其有机地组合成一个和谐协调、优美壮观和富有特色的夜景图画，以此来表现一个城市或地区的夜间形象，从而满足旅游者对文化氛围和艺术展现的视觉追求。

在灯光照明技术的发展和应用推动下，景观照明工程开启了我国夜景塑造的发展历程，随着社会经济发展和人们生活方式的转变，夜景塑造在景观照明基础上衍生出以美化为特色的夜景亮化和以灯光秀为代表的夜景光影新阶段。

（一）照明阶段

夜景照明即景观照明，泛指除体育场场地、建筑工地和道路照明等功能性照明以外，所有室外公共活动空间或景物的夜间景观的照明[①]。新中国成立后，我国景观照明工程开启了从无到有的发展历程，改革开放后，城市经济的快速发展及照明技术的进步也带动城市景观照明工作取得明显进展[②]。

1949—1960 年，起步和开创阶段

集中在北京、上海、天津、广州和部分省会城市，仅一些标志性建筑进行了景观照明。如北京的天安门、上海的中苏友好大厦和重庆的西南人民大礼堂等。照明器材较简易，照度水平低，夜景照明方式以轮廓灯照明为主，且只在重大节日才开灯。

1961—1999 年，重点发展阶段

一些重点城市的道路照明和重点建筑景观照明得到发展，其中不少城市道路照明开始使用高压钠灯，高杆照明开始在城市广场、港口和码头推广使用，比如北京东长安街、建国门内路段，上海延安路，南京中央门广场的高杆照明工程。

1989 年，上海率先在外滩进行了建筑群区域性照明工程建设，启动全国示范性工程——"万国博览建筑"泛光照明和南京路霓虹灯一条街工程建设，随后不少城市以 1997 年迎接香港回归和 1999 年庆祝国庆 50 周年为契机，结合城市

---

① 城市夜景照明设计规范：JGJ/T 163—2008［S］.

② 我国城市照明工程行业发展演变及未来趋势分析（上）［OL］.［2018-08-08］.城市光网, http：//gz.bendibao.com/tour/20191024/ly255461.shtml.

改造、市容整治，对一些重点景区和重大建筑物有计划地进行了城市景观照明的建设。

2000—2007 年，快速发展阶段

在此期间，城市照明工程建设普遍展开，各地景观照明加大投入，促使一批照明设备的生产供应企业和照明施工队伍迅速发展。很多城市开始制定照明规划和规范，其中灯具以高压钠灯、泛光照明为主，但能耗高、光污染严重。

2008 年至今，绿色生态发展阶段

随着技术的进步，LED 发光效率提升、成本下降，LED 照明产品也成了行业的主要材料，LED 的应用与推广，使得节能、环保等问题得到解决。

（二）亮化阶段

随着照明亮化技术的进步及现代城市生活方式的转变，夜晚的城市也成为日常生活的重要空间。城市灯光夜景美化工作受到各城市政府的重视，"让城市亮起来，美起来"已成为各方共识，其中，代表性的城市，如西安、重庆、杭州、成都等因夜景的绚丽实现了客流量的暴增。这个时期的夜景在景观照明的基础上增强了美感。

与城市照明相比，城市亮化是指为了美化城市环境，提高城市的整体形象，对标志性建筑、商场、旅游景区、人流量多的街道进行的灯光亮化。[1] 光技术和光文化同城市和建筑同步发展，采光照明技术的进步也对城市和建筑面貌及现代城市生活产生着重要影响。

> **案例链接：西安市照明亮化经验** [2]
>
> 自 2017 年起，西安市结合自身历史文化特色和城市职能定位，开拓性地进行了城市夜景亮化建设，充分展现了西安的城市新特色，有力地推进了当地夜游经济的发展。
>
> **城市亮化上升为民生工程**
>
> 为建设品质西安，西安市加快推进了城市夜景亮化建设，进一步改善了城市投资环境和旅游城市形象，并打造了"西安最中国"城市品牌。全市夜景亮化实行一盘棋部署——统一规划、统一设计、统一施工、统一维护、统一控制，打造一批

① 刘洋.浅谈城市建设中的亮化工程［J］.科技创新导报，2010（35）：105–105.
② 文侠.西安夜未央，古都新魅力［N］.中国旅游报，2019-04-08.

重点突出、特征鲜明的亮化示范街区和节点，凸显古城特色和城市定位，使传统和现代相结合，通过亮化点、线、面串联，形成流光溢彩的都市夜景。

全城布局"三环两河三横六纵"

按照西安"三环两河三横六纵"亮化架构，对城市主要干道、重要道路，重要人行天桥、高架桥、立交桥等市政桥梁设施，以及重点文物建筑、河湖水系等进行亮化提升。同时，分区域、分层次打造城市亮化照明，将全市分为五类照明区，分阶段进行。

40条亮化示范街初显"夜西安"规模效应

现代时尚、汉风唐韵，一街一风景，一路一风格。截至2017年年底，西安市打造亮化示范街40条，全长102.8千米，点亮楼宇1369栋，同时对示范街沿线景观灯、行道树、绿化带等进行点亮提升，实现了"高新区现代时尚、曲江池古风唐韵、汉城湖汉风再现。"[1]

图片来源：视觉中国授权使用

（三）光影阶段

2016年，杭州G20峰会夜景灯光秀标志着我国夜景塑造正向艺术型和智慧型过渡，进入光影新阶段。其特征是以智能控制技术为支撑，使声、光、电、水等艺术渲染方式相互融合，打造画卷式的视觉盛宴。2018年，上合峰会在青岛召开，青岛浮山湾的滨海夜色光影也随之成为网红。一部分城市借由大型国际性会议的举办，在媒体传播下向各国人民展示了会议所在城市的美好夜景，激起了人们的向往与期待，也为相关城市增光添彩。

---

[1] 马昭.城市蜕变展新颜［N］.西安日报，2019-08-13.

近年来，包括杭州、青岛、广州、天津、南昌等全国很多城市都有了依托于建筑的城市个性光影，讲述着不同城市的历史变迁和文化故事。科技与艺术的融合让夜景变得更有活力。

案例链接：杭州 G20 峰会灯光秀经验

图片来源：视觉中国授权使用

2016 年，杭州市政府为迎接 G20 峰会的召开而倾力打造的灯光秀工程，位于杭州 CBD 中心钱江新城，由 70 万盏 LED 灯组成，运用声、光、电等现代化的视觉科技配以音乐、自然山水、人文、建筑及杭州城市 logo 等元素，将文字、灯光、影像显示在钱塘江沿岸 30 多幢高楼串成的一幅"巨幕"上。2016 年 G20 杭州峰会后，钱江新城灯光秀成为杭州一张新的文化名片。

创新光影表演界面

钱江新城灯光秀，东起庆春路，西至清江路，总长度 3.5 千米，灯光秀总时长 15 分钟。灯光秀将临江的高层建筑界面串联在一起，形成"建筑巨幕"，并在错落有致、穿插交错、多层叠加的建筑组团的建筑立面上，完成动画制作及播放，动画演绎在建筑群立面上跑动自如、连接有序、环绕飘逸，描绘出一幅"钱江夜曲"新画卷。

提炼城市精品文化元素

钱江新城临江主题灯光秀以体现杭州城市特点的"城""水""光""影"为表演主题，分为三个篇章："水之灵""城之魂""光之影"，呈现一幅幅具有"中国气派、江南韵味"的时代画卷。

高品质硬件安装

根据不同建筑的材质、结构，达成高品质、精细化的设计目标，真正做到"见光不见灯"。灯具安装、管线敷设、电器隐藏完全做到了隐形，每栋建筑定制灯槽喷涂材质，与建筑幕墙完全一致，建成效果对建筑立面白天景观无任何影响。

案例链接：南昌一江两岸灯光秀经验

在宽阔霸气的赣江两岸，几百栋建筑在夜晚都会点亮霓虹和 LED 灯外衣，宛如一幅动感的立体屏幕，这些景观照明的造型、色彩、肌理、材料及空间，一起打造了立体的"动态画卷"，让"英雄城"呈现"城在山水中"的意境，展现出别样的"落霞与孤鹜齐飞，秋水共长天一色"的壮阔。

图片来源：视觉中国授权使用

传播城市形象

2015 年，南昌一江两岸灯光秀被认定为吉尼斯"最多建筑参与固定性声光秀"，293 栋建筑同时参与一场声光表演，全长 8 千米，对提高旅游收益与提升城市形象起到了积极作用。如今，"一江两岸"夜景灯光已成为南昌市的形象名片，得到了国内外游客及市民的广泛赞许。

创新夜景产品

江边红谷滩秋水广场，除了可以看到绝佳的灯光秀，每天夜晚在这里还有亚洲最大的音乐喷泉展示灯光和喷泉结合的表演。一江两岸景观带还推出了无人机表演、开放空间灯光小品、雾森灯光秀等多元产品，丰富了市民游客的休闲娱乐需求。

持续稳固发展

近年来，南昌城市建设快速发展，"一江两岸"又多了很多临江建筑。南昌一江两岸灯光秀南延北延项目于 2018 年开展并顺利完工，为赣江两岸风景线增添新的活力。

二、夜景灯光打造要点

从照明、亮化到光影，夜景灯光正在重塑城市景观在夜间的形象，展示城市自身文化。基于国内外城市夜景塑造的成功经验，城市夜景打造需要以避免光污染为前提进行绿色开发，借助建筑物、广场、道路、园林、水景等载体进行立体化空间营造，通过创新美学理念、技术手段、合作模式全面提升城市夜景的吸引力，同时注重夜景照明上下游产业链的延伸，美化城市的同时，让夜景成为城市或区域夜游经济发展的坚实基础。

（一）绿色开发，避免光污染

夜景灯光在使城市变美的同时，光污染也成了新的环境污染源。在缤纷多彩的灯光环境中，过度的夜景照明不仅影响动物的自然生活规律，还会破坏植物体内的生物钟节律，甚至威胁着人类的健康。

1. 光污染种类及危害

大气光污染
地面产生的人工光在尘埃、水蒸气或其他悬浮粒子的反射或扩散作用下，进入大气层，导致城市上空发亮。天空亮度的增加不但影响天文观测，而且会对包括人在内的生物圈产生不良影响。

光侵扰
夜景照明中的光源射向投射对象，超出轮廓的溢散光部分却对周围景物进行直接照射，或者通过投射对象门窗的透射或反射，将光线折向不该照亮的住宅、医院、旅馆等人们休息的场所，形成侵扰光污染。[①]

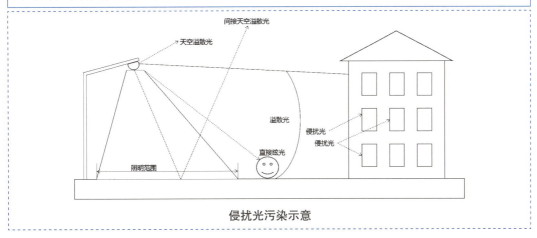

侵扰光污染示意

---

① 田海元 . 景观照明设计的光构成方法研究［D］. 南京航空航天大学，2007.

眩光污染

眩光来自于视野中的道路照明灯、广告照明灯、标志照明灯产生的刺眼的光，它会引起视觉的不适、疲劳及视觉障碍[1]，严重时会损害视力甚至造成交通安全隐患。

眩光污染示意

图片来源：视觉中国授权使用

2. 光污染防治措施

优化材料选择

在选材上尽量采用单一光谱的低压钠灯作为道路照明光源，降低城市"热岛效应"，保护城市生态环境。突出局部建筑可采用合理泛光照明，如采用高光效的LED灯提高泛光照明效率。

合理安排设备位置

灯具位置及控制设备的合理设置，可防止逸散光的污染，又可防止因灯具及控制设备裸露而带来的视觉污染。同时，安装时对建筑物的保护措施，可避免对城市景观和对建筑物本身的立面造型的破坏而引起的视觉景观污染。[3]

智能化设计管理

采用智能化的集中管理、分散控制。如对泛光照明的开灯可采用平时模式、节假日模式、重大节日模式，对广告、装饰、道路照明以及泛光照明可采用微电脑定时开关或光控定时关闭的开关控制。[2]

做好防护工作

采用截光型灯具或采用给光源装设格栅、遮光片、防护罩等方法限制逸散光，以有效控制照明灯具的遮光角，防止直射光线的逸散和眩光产生。[4]

---

① 王云. 现代城市广场景观照明设计研究［J］.商业文化，2011（11）：335-336.
② 李公才. 城市夜景照明的光污染及其防治措施［J］.建筑电气，2004，23（1）：34-35.
③ 王松林. 浅谈城市照明的光污染［J］.灯与照明，2014，38（1）：5-7.
④ 陈婷. 萧山区金城路亮灯工程一期项目可行性研究［D］.浙江工业大学，2014.

案例链接：北京京广中心

　　除选用反射率低的镀膜玻璃外，还调整原设计方案，将圆弧转向三环路，从而最大限度地减少了光反射，取得了很好的效果。

图片来源：视觉中国授权使用

案例链接：里昂灯光节

　　组织方采用节能照明技术，部分常亮建筑的照明都在修葺翻新中被换成了 LED 灯，80 多处灯光布景的能耗费用不过 3500 欧元，使用寿命却长出 2 倍，而且大大减少了光污染。

图片来源：视觉中国授权使用

案例链接：纽约城市照明

　　纽约州议会于 2008 年 6 月通过立法，要求新的室外照明必须要有护罩以减少强光和浪费①。一些摩天大楼开始使用最新的智能照明技术，减少能源消耗，提高照明效率。

图片来源：视觉中国授权使用

（二）适配亮化载体，打造立体化夜景

　　景观亮化是指通过不同色彩的夜灯及合理的布灯方式，用光来准确、适度、合理、有序地丰富建筑、树木、亭阁、流水、花坪、雕塑等景观载体，使其在夜间展现出不一样的美感，从而构成立体化的夜晚美景的过程。值得注意的是，城市亮化作为城市品质提升的民生工程，并非是要进行全景、全载体灯光亮化打造，而是要在资源环境承载范围内进行科学规划、重点打造、合理布局。

在夜景打造过程中，应遵从以灯光载体为主、灯具为辅的原则。通过对夜景载体轮廓的勾勒和突出，以及对亮化层次感和立体感的营造，充分展现由元素组成的夜景载体的内涵。以下为几大常见夜景亮化载体的打造方法：

| 植物亮化 | 在灯光映照下，树木及花草等植物能够展现不同于白天的新姿态。 | • 灯具式样与各种植物的形状相匹配；
• 对淡色的和耸立空中的植物，可以用强光照明；
• 灯光色彩应呼应植物的季节性颜色变化；
• 用与树叶或花草相似颜色的光源凸显植物外形。 |

案例链接：洛杉矶德斯坎索植物园

　　依托橡树林、草地等不同植被形态，高低错落安装系列渐变的灯光设备与互动装置，随着游客的参与不断变换颜色，打造大型夜间森林灯光秀。

图片来源：视觉中国授权使用

案例链接：武汉东湖樱园

　　每年一度樱花季，武汉东湖采用LED冷光源在园内打造华中独有的夜间赏樱效果。"白天灿若云霞，夜晚如梦似幻。"夜樱灯光的色调，也从最初的黄光到五彩光，再到现在的渐变光不断升级。

图片来源：视觉中国授权使用

| 水体亮化 | 水的运用富有变化，极易与声、光、电结合形成景观，可以使单调的夜空间产生无穷魅力。 | • 喷泉亮化：可将水下照明灯布置在远端喷泉水花散落处。
• 跌水亮化：可用线条灯照亮整个跌水背景。
• 水面亮化：在岸上选择距岸边较近的物体进行照射，在水面上形成出波光倒影，使倒影和实景相互映衬，产生一种美的意境。 |

---

① 光博.纽约更新了城市照明理念［N］.消费日报，2010-03-25.

案例链接：尼亚加拉瀑布夜景

尼亚加拉瀑布因其绚丽的灯光秀别具特色。围绕着瀑布周围的巨型聚光灯大放光彩，射灯也变化着色彩打在瀑布溅起的水雾上，瀑布在灯光的照射下五光十色。

图片来源：视觉中国授权使用

案例链接：西安大雁塔音乐喷泉

大雁塔音乐喷泉位于大雁塔北广场中轴线上，共有亮化彩灯 3300 余盏，采用水下池面地灯、LED 光带及岸上电脑灯等多光源照射，使喷泉声、光、水、色有机交融。

图片来源：视觉中国授权使用

交通亮化

立体化展现交通要道的多维层次，并对提高夜间交通安全起着决定性作用。

- 根据道路的功能及交通密度、复杂性、分流情况，对道路亮化的亮度、照度、均匀度和眩光等分别制定量化指标。
- 划分区域内各道路的亮化等级，实现有针对性地照明，对亮化设施的设置形式、颜色、尺度、风格等与交通标识一体化进行统筹安排。

案例链接：苏州东南环立交景观亮化

根据夜景设计的图案构思对线条进行分类，在桥身侧面使用不同颜色的灯光来对桥身层次进行区分，体现出立交桥的空间立体感。从局部或远处不同的观测点，立交桥都能呈现出多姿的曲线律动美，展现出独特的景观魅力[1]。

图片来源：视觉中国授权使用

---

[1] 常晓杰，李岚.城市景观照明设计要点分析［J］.城市照明，2013（3）：25-32.

　　于 2001 年进行亮化设计改造，该重建项目的特色是嵌在地面上的灯光矩阵，将嵌有 LED 灯的毛玻璃条设成网格，迎合该广场长凳的设计。该空间共有 10 万多个 LED 灯，图案不断变化，通过灯光亮化设计，原黑暗冷清的空间格调得以提升重塑。

| 建筑物亮化 | 在原有建筑的基础上通过灯光的明亮度变化、色彩变化来展现建筑物特点。包括运用泛光照明、轮廓灯照明、内透光照明、特种照明等照明方式。 | • 根据建筑物功能、特征、周围环境，选择适宜的观景视点，设计灯的投射方向、灯具的安装位置。
• 对建筑物的亮化应该是见光不见灯，宜隐蔽灯具等设施。
• 夜景亮化灯具应和建筑立面的墙、柱、檐、窗、墙角或屋顶部分的建构件相结合，并融合一体。
• 根据实际情况选择一种或多种照明方式的组合来实现预期的亮化效果。 |

案例链接：巴黎埃菲尔铁塔

　　埃菲尔铁塔的夜景亮化设计者针对其钢结构网架的特点，采用了在其塔身的各网架结点设置亮化灯具，利用泛光照明的方式将整个钢结构塔身照射得明亮炫目。[①] 在夜晚暖黄色的灯光下，埃菲尔铁塔散发出浓浓的浪漫气息。

图片来源：视觉中国授权使用

案例链接：上海保利大剧院

　　保利大剧院亮化设计概念来源于"建筑与自然的对话"，充分考虑了"建筑"与"水"的虚实掩映。建筑整体用暖色的圆形和冷色的幕墙形成鲜明对比，用少量的光照亮建筑边界，突出建筑的整体轮廓。细腻的色温控制和光束控制，有效限制眩光，内透外视，层层间隔达到剪影效果。

图片来源：视觉中国授权使用

　　① 王帅．特殊景观的照明设计要点：古塔的照明设计［OL］．http：//blog.sina.com.

案例链接：西安鼓楼夜景

西安鼓楼，其夜景亮化设计于 2017 年获得"亚洲照明设计奖优秀奖"。古建筑全部采用 LED 灯具，确保灯具外观颜色与安装部位的装饰颜色一致，使灯具在白天与古建结构有机结合，达到良好的隐蔽效果，并严格把控灯具光束角度，增加防眩光格栅罩，充分利用光效。

图片来源：视觉中国授权使用

景观雕塑照明	在夜景中起到标志性作用，往往是一定文化主题的延伸，达到点睛的效果。	• 通过照明展示强调景观的一般部分或特殊部分，增强视觉冲击力，强化艺术感染力。 • 主要设计方式有：泛光照明、局部投光照明、内置光源等方式。具体因雕塑造型和艺术定位而定，灯具的使用不影响日间景观效果。[①]

案例链接：西安大明宫国家遗址公园雕塑照明

大明宫马球雕塑与周围环境良好结合，和谐共融。雕塑底部采用黄色 LED 泛光灯照明，勾勒出马球雕塑的力与美，表现出生龙活虎的动势之美；雕塑面部神色采用 LED 灯投射局部照明，表现出雕塑的神与色。

图片来源：视觉中国授权使用

（三）创新驱动，提升吸引力

随着物质生活水平的不断提高，人们对艺术的追求也在与日俱增。夜景照明属于空间视觉艺术，灯光展示不仅是照明工具的展示，更是将故事、理念、价值观等通过高科技手段，以艺术化形式呈现。

1. 创新灯光美学理念

在利用灯光进行景观的夜晚重塑中，注重灯光设计的美观性原则，将景观呈现、美化环境和艺术创作相结合。灯光布局，需符合项目的发展规划、整体的布局规划、项目

---

① 常晓杰，李岚. 城市景观照明设计要点分析［J］. 城市照明，2013（3）：25-32.

定位及创意特色，进而提升应用场景的整体品位，增加吸引游客的目的 [1]。灯光美学理念的创新主要依托光的色彩和强度差异来实现。

光的色彩	**色彩物理效果** 　　温度感取决于色调，红、橙、黄等色称为暖色，而蓝、绿、青等色为冷色；暖色能给人以向前突出的感觉，冷色则是向后方退避。 　　轻重感取决于照度和彩度，如明亮让人感到轻，深暗让人感到重；浅色让人感到轻些，深色让人感到重些。
光的色彩	**色彩心理效果** 　　夜景中的色彩与亮度会通过人的视觉生理作用使人的心理产生连锁反应，并影响着人的情感、性情和行为。

知识链接：色彩的性格

- 淡雅的光——不喧哗，没有刺目的紧张。
- 悠远的光——光随着空间逐渐蔓延，并且给人带来遐想。
- 惊喜的光——山穷水尽疑无路，柳暗花明光又来。
- 发现的光——吸引人的探索欲。
- 安全的光——让人生理安全和心理安全的光。
- 舒适的光——引发游客内心愉悦的欢乐之光。
- 导引的光——准确而便捷，让人迅速到达目的地。
- 梦想的光——将精神升华到无上光荣的理想程度。

光的强度	一般来说，强度对比强时，光感强，形象清晰度高；强度对比弱时，光感弱，不明朗，形象不易看清晰。对照明对象用不同的光照强度来表达载体的主要内容，能起到事半功倍的表达效果。

　　总结：投射有方向，远近有层次，明暗有变化，特征要照亮，光色须温馨，过渡要自然，场景多趣味，亮度分主次，空间有高潮。

---

① 光华照明设计.关于文旅灯光工程的案例分享［OL］. https://wenku.baidu.com/view/fc70e6a5443610661ed9ad51f01dc281e53a568f.html.

2. 创新科技先进手段

随着照明行业的发展，夜景灯光以创新为动力，设计上融合最新科技，达到提高大众审美的目的，作为夜景核心吸引力。

光的色彩	冰屏，一种新型LED显示技术。主要有三大特性： （1）具有更宽广的观看视角，冰屏优选侧发光LED灯珠，可视角度达到160°，让舞台两侧的观众也可享受舞台视觉盛宴。 （2）更均匀的亮度分布，冰屏的侧发光灯珠没有支架的遮挡，亮度从屏体正前方沿两侧递增，让舞台整体呈现效果更好。 （3）更高的通透率，冰屏能将屏幕通透率提高至85%，提高节目的表现力。 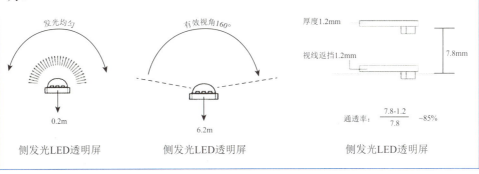
植物照明技术	大自然中的一些植物能够在晚上比较黑暗的时候发出微弱的光，受这些发光植物的启示，美国麻省理工大学的科学家将一种特殊的纳米颗粒嵌入到豆瓣菜植物之中，使豆瓣菜植物能持续发光4小时。同时，这种纳米管在植物中具备了一定的电子系统功能，能够很好地感应周围的环境，尤其是能够检测地里埋藏的一些爆炸物，将这种植物放在地下，在感知到危险物品时，这些叶子的纳米管就会发出荧光作为报警信号。
灯光融合装置	当前，智能化已成为照明设计的重要方向，融合装置能够更接近消费者需求，实现生理与情感的共鸣。 城区车行桥梁上的灯光艺术装置，实现了激光灯、投影灯和车行基础照明灯三种灯光的融合。 （1）布置多功能照明灯柱对应车行照明的点位，并在灯柱顶部设置激光灯，形成激光互动交织网络和人行地面投射水纹光影。

灯光融合装置	（2）将桥栏杆原有的不锈钢球装饰替换成透明的水晶球，增加桥梁艺术、梦幻和趣味性。 （3）所有的激光灯方向均避开了居民楼，面对北面办公楼不开窗的实墙面。 （4）所有的灯柱上均设有激光接收器，用来接收对面发射的激光光束，使得激光的发射只在桥面上空，并不会影响周边的区域。

随着环境污染情况的凸显与新型科技的研发，开发新能源照明也逐渐受到大众关注。以太阳能照明为例，其作为新型环保能源，具有节能、环保、安全、科技含量高、使用寿命长等特点，受到人们青睐。

新能源照明

案例链接：荷兰布拉班特

在凡·高的家乡布拉班特，设计团队展出了一条夜晚会发出星光的自行车道。该车道上有上千块太阳能发光石，被排列成旋涡状。白天进行充电聚集电能，夜晚则化作繁星闪烁的星光之路。

图片来源：罗斯加德（Roosegaarde）工作室授权使用

3. 创新多种合作模式

城市夜景的打造早已不再是简单的市政工程，愈发强调社会各界人士的参与及合作，在夜景内容的创作、投资运营等方面需要融入更多行动与创新，进而创造出特色各异的夜间城市旅游品牌。

举办灯光节成为夜景内容创作的重要依托。欧洲城市通过发掘地方传统，以灯光节形式展现夜晚景观照明魅力，其中以邀请世界著名艺术家为噱头，或与当地艺术院校合作，举办灯光节和灯光创意大赛活动，促进城市夜游的发展。

多元主体成为夜景投资运营的重要形式。综合西方及其他发达国家的城市照明工程来看，一般建设资金由政府、商会、协会和相关获益机构共同承担，同时采取城市经营手段，引入市场资金。如英国"夜晚磨坊区域"中的"光涂鸦"运动设计项目，便引进耐克公司投资4000万英镑合作，用于后期智能服务研发。此外，在景观照明的建设、运营、机制绩效方面，根据商业楼、城市公共建筑、私家建筑等不同景观照明载体类型，在城市政府主导及相关政策制度激励下，市场、社会共同参与景观照明的建设和运营，可形成城市夜景照明的可持续发展模式。

知识链接：不同载体的国外景观照明建设与运营及其机制绩效一览表

景观照明载体	设计研发	建设投资	运营	激励	绩效
商业楼企业	业主或经营者或商会、协会	业主	政府、业主	市场激励为主，行政给予一定补助	拉动夜市经济、提升营业额
公共部位	政府主导市场主体实施	政府	政府	城市经营城市形象竞争力提升	形成城市灯光景观，提升城市形象和活力，保证城市安全
私人建筑	政府主导业主参与	政府	业主、政府	政府补助维护管理费和电费	促进房地产保值增值、城市形象和安全提升

· **旅游产业联动效益**

自贡灯会品牌产业联动效益明显。自贡彩灯产业发展近20年，注册公司750余家，年产值48.5亿元，拉动4万余人就业。2019年1—2月，全市消费品零售总额实现103.67亿元，第三产业因灯会而兴旺。同比增长12.8%，全市餐饮业营业额17.38亿元，增长14.1%，酒店平均入住率85%。

· **招商引资与外易外贸**

外易外贸方面，近5年自贡市彩灯外贸突破1亿美元。2018年产品服务出口2500万美元，自贡彩灯产品出口额在全国传统文化产品出口中位列前茅，获"国家文化出口基地"称号。灯会搭台，招商唱戏。2019年春节，自贡市与国内外客商签订项目招商合同48个，总投资额达335亿元。

资料来源：沈宏跃.夜间旅游城市发展报告——以自贡为例〔OL〕.https://mp.weixin.qq.com/s/np5XypJNh5SCUAVmPXI_wg.

图片来源：视觉中国授权使用

三、夜景打造应用场景

在城市、小镇、乡村、景区等不同场景下，夜景打造所要表现的主题和营造的氛围也会有所不同。

 点亮城市

点亮城市一般由政府主导，主要目的是让城市变亮变美，彰显城市文化个性，突出城市发展活力，增加城市休闲消费，从而促进城市经济发展。

在打造方法上，主要通过对当地具有特色的建筑地标、主要街道、特色景观及小品等进行主题化、艺术化、现代化、智慧化的灯光照明，植入当地文化，融合喧闹、时尚等元素，借助光影渲染热烈的氛围，凸显城市气质。具体而言，在建筑物夜景照明方面，一般选择具有城市标志性的高大建筑物作为夜景照明的重点。具体照明设计上，通过分析建筑物的性质、特征和周围的环境，构思灯光设计方案，并预测要达到的效果。可采用分层布光的泛光照明来表现建筑物的外观造型；同时在建筑物的凸出、凹进部分再设置一些局部照明来加强阴影，形成层次，提高立体感，从而使造型更加丰富。再通过现代照明的调光、调色手段，创造与建筑物本色相协调的色调，从而达到层次鲜明的艺术效果[①]。

案例链接：南充市嘉陵区城市夜景工程

图片来源：中视巅峰授权使用

　　南充市嘉陵区城市夜景照明主要以"四体一面"展示嘉陵形象（四体：山体、水体、桥体、绿体；一面：建筑立面），不同光源和照明形式的合理搭配，呈现层次丰富的现代化灯光效果，谱写"激情嘉陵、浪漫嘉陵、奋进嘉陵、辉煌嘉陵"四个乐章。

点亮小镇

　　每一个小镇都有自己独特的个性和灵魂，点亮小镇重在风情与商业营造，通过灯光展现鳞次栉比的建筑群落、斗拱飞檐的亭台楼阁、雕梁画栋的精致细节、灯火通明的街市人气，同时也能够呈现诗意栖居的静谧氛围，做到夜间小镇随处是景，随拍即景。

　　小镇夜景打造一般以建筑物尤其是古建筑的亮化为重点。例如，乌镇和南浔古镇的亮化工程，通过灯光将起伏的明清建筑的线条、飞檐翘角、瓦面等轮廓勾勒出来，彰显出江南水乡的宁静与柔美；其他如拈花湾拈花塔、古北水镇圆通塔、台儿庄古城复兴楼等标志性建筑的亮化都成为小镇夜景的视觉聚焦点。

---

① 魏宝林［1］.浅谈城市景观照明设置及其控制方式［J］.光源与照明，2010（2）.

南浔古镇夜景

图片来源：杜程程拍摄

 点亮乡村

　　对于乡村而言，由于乡村旅游的主要客群大多追寻质朴、清雅和淡远的生活，所以在乡村夜景塑造上应强化乡村风格，在满足原有村民功能性照明的前提下，应注重营造乡村田园诗画的意境与原生态乡村生活的体验氛围。①

案例链接：吉安渼陂村

　　渼陂的夜景打造，通过雾森、音乐、3D裸眼投影秀、互动投影的部分手法对于古村富有风情的建筑载体以及环境进行改造设计，秉承"宜暖色光照射近人尺度，忌冷白光形成干扰；宜正白光照亮树木绿植，忌七彩光快速变化；宜淡彩光形成和谐空间，忌重彩光强烈刺激；宜动态光烘托趣味高潮，忌照度不足形成暗区；宜明暗光变化主次有序，忌空间杂乱形成眩光"的原则，勾勒出乡村的恬淡与宁静，用灯光赋予乡村夜晚新的形象和生命力。

图片来源：巅峰智业授权使用

① 王海新,张润普.景观夜景照明分类及主要采取的方式［J］.科技致富向导，2012（35）：37-37.

点亮景区

通过强化景区的功能性照明和景观亮化让景区的夜晚亮起来，注重用灯光渲染出景区的诗意和浪漫，并形成特定的主题夜景氛围，体现景区资源特色以及地形地貌特质，从而将游客的游览时间延长至夜晚。但从景区经营管理和游客便利度而言，城镇型或周边配套设施齐全的景区更适宜进行夜景亮化打造。

案例链接：凤凰古城

凤凰古城的夜景将自然与人文的特质有机融合于一处，透视后的沉重感成为吸引八方游人的魅力精髓。景区以基础照明为先导，形成特定的夜景氛围，强调灯光明暗色彩组合，水雾综合运用，以打造不同主题的历史感、古朴感、浑然感、舞美感，以光照渲染演绎沱江两岸的宁静与璀璨。

图片来源：视觉中国授权使用

CHAPTER FIVE

第五章　夜演：动感光影，幻彩新潮

　　夜间演艺活动是引爆夜游经济最重要的抓手之一，是最容易打破旅游淡旺季的突破口，能够打破白天和黑夜的限制，放缓旅游节奏，延长旅游时间，引领夜游经济快速发展。夜演融合了丰富的在地文化、科技化的创作手段、技术化的展现形式，成为文旅融合的生动样板、美好生活的重要载体。目前，我国的夜间演艺主要有实景演艺、剧场演艺、光影演艺三种类型，每一类都有自己独特的个性和打造方式，本章将着重介绍这些夜间演艺类型的特点与打造手法。

旅游演艺是文化和旅游融合发展的重要载体，也是优质旅游发展的重要领域。2000年以来，我国旅游演艺进入扩张期，大型旅游演艺项目争先上马。尤其是2004年，我国第一部大型山水实景演出《印象·刘三姐》正式公演后引发实景演艺热潮，"印象"系列随后在长江以南多个地区迅速铺开；2010年以后，以"又见"系列和"千古情"系列为代表的剧场演艺在中国南北快速扩张，加上各目的地和景区原有及新推出的剧目，剧场演艺成为旅游演艺的主力市场；2016年，首家5D魔幻光影剧《天海传奇》在华东上演，在文化＋旅游的基础上融合了科技元素，创新了旅游演艺形式。

综合来看，以实景演艺、剧场演艺和光影秀为代表的大型夜间旅游演艺活动，是文化和旅游融合发展的典型成功实践，能够助推旅游发展，促进文化传播，宣传旅游目的地，引领各地夜游经济发展。

一、实景演艺

实景演艺也称为实景演出，是一个以真山真水为演出舞台，以当地文化、民俗为主要内容，融合演艺界、商业界为创作团队的独特的文化模式[①]。通过实景演艺表达，当地的文化变成了大众可以消费的文化旅游产品。

（一）发展现状

1.总体数量

据不完全统计，截至2018年10月，全国有25个省市区有61台大型实景演艺[②]在上演。其中，2018年新开演4台，包括内蒙古的《契丹王朝》、重庆的《归来三峡》、广东的《禅宗圣域·六祖惠能》、海南的《红色娘子军》。

截至2018年10月各省市区主要实景演艺数量[③]

资料来源：巅峰智业创新研究院根据公开资料整理

---

① 姚爽，冯春园."印象系列"实景演出的戏剧性研究［J］.戏剧文学，2018（11）.
② 大型实景演艺指单场接待规模在1000人及以上的实景演艺。
③ 未统计我国港澳台地区，其余未列明省份截至2018年10月实景演艺数量为0台。

2. 地域分布

·中西部地区实景演艺数量较多，其中湖南省有6台，居全国榜首。

·东北三省暂时并未出现大型实景演艺。

·北京、上海等一线城市还没有大型实景演艺。

3. 盈利情况

根据部分实景演艺公布的营收数据来看，扣除相应经营成本及前期投资外，截至2018年年底，真正实现盈利的实景演艺仍然是凤毛麟角。从下表可以看出，实现盈利的实景演艺其演出时间均超过10年，其中《印象·刘三姐》已开演15年；2010年以后开演的实景演艺则大多处于亏损状态，单个实景演艺项目成本回收周期长。

全国部分实景演艺基本信息及盈亏表（截至2018年年底）

名称		地点	依托景区	首演时间	投资（亿元）	演区面积	时长（分）	接待规模（人）	票价（成人）	经营情况
"印象"系列	《印象·刘三姐》	广西阳朔	桂林市漓江景区（5A级）	2004年3月20日	3.2	1654000平方米	60分钟	2200人	190~320元	盈利
	《印象·丽江》	云南丽江	丽江市玉龙雪山景区（5A级）	2006年7月23日	2.5	—	60分钟	—	280~360元	盈利
	《印象·海南岛》（已停）	海南海口	无	2009年4月14日	1.8	11000平方米	70分钟	1600人	168~688元	亏损
	《印象·西湖》	浙江杭州	西湖风景名胜区（5A级）	2007年3月30日	0.7	—	60分钟	1800人	360~660元	持平
	《印象·大红袍》	福建武夷山	南平市武夷山风景名胜区（5A级）	2010年3月29日	1.5	7466.67平方米	70分钟	1988人	238~688元	持平
	《印象·普陀》	浙江舟山	普陀山风景名胜区（5A级）	2010年12月31日	2	3000余平方米	70分钟	2000人	238~588元	亏损
	《印象·武隆》	重庆武隆	武隆喀斯特旅游区（5A级）	2012年4月23日	2	—	70分钟	2688人	—	亏损
《禅宗少林·音乐大典》		河南登封	登封市嵩山少林寺景区（5A级）	2007年4月27日	3.5（演出1.15）	22354平方米	75分钟	2500人	199~999元	亏损
《鼎盛王朝·康熙大典》		河北承德	承德避暑山庄（5A级）	2011年6月6日	2	9000平方米	80分钟	—	238~888元	亏损

续表

名称	地点	依托景区	首演时间	投资（亿元）	演区面积	时长（分）	接待规模（人）	票价（成人）	经营情况
《文成公主》	西藏拉萨	布达拉宫（5A级）	2013年8月1日	7.5	24611.8平方米	90分钟	4000人	380~1280元	亏损
《长恨歌》	陕西西安	华清宫（5A级）	2007年4月8日	2.8（0.5+每年0.8）	—	70分钟	2600	238~988元	盈利
《天门狐仙·新刘海砍樵》	湖南张家界	张家界（5A级）	—	1.2	10000平方米	90分钟			亏损
《中华泰山·封禅大典》	山东泰安	泰山景区（5A级）	2010年4月27日	3	8600平方米	80分钟	2364	—	亏损

资料来源：巅峰智业创新研究院根据各演艺项目官方发布资料整理.

4.开发难度

实景演艺规模大、运营成本高，投资回收难。据统计，初始投资超过1亿元的占比在80%以上，每场演出成本为10万~30万元。在实景演艺艺术创作、演出设施、行政审批、配套项目、宣传营销五大系统工作中，艺术创作的周期较长，一般为2~3年；前期建设还面临多部门多层级审批；不仅如此，实景演艺还面临受气候影响大、迭代慢、跟不上市场变化等问题。

案例链接：《归来三峡》演出推进信息图

- **01** 2016年7月4日，《归来三峡》策划方案评审会
- **02** 2016年11月11日，奉节县成功签约山水实景演出《归来三峡》
- **03** 2017年4月7日《归来三峡》演出浮台、观众席浮台趸船技术评审会
- **04** 2018年2月26日，经23次修改完善获文化部、国家旅游局审查通过
- **05** 2018年4月15，2018·决胜《归来三峡》启动仪式
- **06** 2018年5月24日，项目推进及征地拆迁现场调度会
- **07** 2018年6月19日，交通运输部长江航务管理局组织召开《归来三峡》行政审批协调会

资料来源：根据公开报道整理而成

5.市场格局

目前，实景演艺市场，形成了"印象""山水""长恨歌"三大派系，它们占领了市场的主要份额。

"印象"系列开创先河

　　"印象"系列实景演出在2004—2012年间共开演7家（目前6家在演，《印象·海南岛》于2014年停演），主要由张艺谋、王潮歌、樊跃组成的铁三角领衔北京印象创新艺术发展公司作为主创团队完成[①]。其中，《印象·刘三姐》是中国第一部山水实景演出。

案例链接：桂林《印象·刘三姐》

　　桂林大型山水实景演出《印象·刘三姐》是中国第一部"山水实景演出"。2004年3月20日进行首次公演，演员阵容近600人，演区包含2千米范围内的漓江水域，可容纳2000名观众。演出以"印象·刘三姐"为主题，采用红色、白色、银色、黄色四个主题色彩系列，在60分钟演出时间内，大写意地将刘三姐留给人们印象中的经典山歌、民族风情、漓江渔火等元素创新组合，不着痕迹地融入于山水，还原于自然，成功诠释了人与自然的和谐关系，创造出天人合一的境界[②]，被称为"与上帝合作之杰作"。

　　盈利情况：2012—2015年营业收入分别为1.79亿元、1.7亿元、1.82亿元、1.7亿元，净利润分别为9592.9万元[③]、7667.6万元、6949.7万元、5078万元；2017年票房收入达到2.1亿元，净利润近1亿元。

　　收获荣誉：2004年11月，荣获国家首批文化产业示范基地；2005年7月，获得"中国十大演出盛世奖"。

图片来源：视觉中国授权使用

---

　　① 姚爽，冯春园."印象系列"实景演出的戏剧性研究［J］.戏剧文学，2018（11）.
　　② 吴文瀚.从自然山水、历史人文到个体体验——大型实景演出的演绎之路［J］.美与时代（上），2011（2）：48–50.

"山水"系列市场份额最高

2007—2017年，"山水"系列实景演出共开演20家，占全国实景演出数量的三分之一，主要由山水盛典文化产业股份有限公司董事长梅帅元及其团队完成，其创作团队是目前实景演出市场的主要贡献者之一。

案例链接：山水盛典出品《锦宴》

《锦宴》是在南宁市委、市政府大力支持和推动下，由梅帅元担任总导演，重点推出打造的大型"天天演"文化演艺项目。2013年1月15日，《锦宴》在南宁国际会展中心内进行公开首演，演出剧场占地5000平方米，设700个观众席位。

亮点一：内容 集萃广西灿烂文化 展现多彩民族风情	《锦宴》以广西壮乡特色风俗风情为主题，分为《南方有约》《山水丽人》《锦织洞房》及《永恒情歌》四个篇章，以民歌、舞蹈等巧妙串联起稻田劳作、渔娘唱晚、结婚嫁娶、十月怀胎等多彩的广西风俗。
亮点二：高科技 高科技多媒体舞美 呈现亦真亦幻舞台效果	采用全球首创穿透式多重影像叠加成像及多媒体成像技术，运用国内最大的全息膜，构建3D电影大片的视听效果，实现真人与影像表演、演员与舞台实景无缝衔接。
亮点三：音乐 绕梁之音 奏淳朴多情民风	广西的壮族嘹歌、侗族大歌等名扬天下。《锦宴》萃取这些原生音乐与时尚相结合，打造民族音乐的现代品质。
亮点四：服饰 华丽民族服饰 演艺五彩斑斓锦绣壮乡	看《锦宴》，仿佛在看一场时尚民族服装秀。顶级设计大师汲取不同时期的服饰精华，还原最璀璨的民族风华，尽展壮乡儿女的形态之美。

"长恨歌"系列催生国家标准

陕西旅游集团出品李捍忠导演的《长恨歌》自2007年开演以来好评不断。2016年8月29日，国家质量监督检验检疫总局、国家标准化管理委员会发布了以《长恨歌》为蓝本编制的《实景演出服务规范》，成为首个国家层面的实景演出类标准规范。此外，由李捍忠导演的《烽烟三国》和《中国出了个毛泽东》也分别于2014年和2016年开演。

案例链接:《长恨歌》

　　由陕西旅游集团打造推出的中国首部大型实景历史舞剧《长恨歌》，以白居易传世名篇《长恨歌》为蓝本，充分发掘景区资源，采用高科技舞美灯光，将历史故事与实景演出相结合，重现了1300多年前华清宫内感人肺腑的李杨爱情故事。

　　《长恨歌》以骊山山体为背景，以华清池九龙湖做舞台，以亭、榭、廊、殿、垂柳、湖水为舞美元素，运用世界一流水平的高科技手段，营造万星闪烁的梦幻天空。滚滚而下的森林雾瀑、熊熊燃烧的湖面火海以及三组约700平方米的LED软屏和近千平方米全隐蔽式可升降水下舞台，将历史与现实、自然与文化、人间与仙界、传统与时尚有机融合，演绎了一篇传奇的历史乐章，成就了一个杰出的艺术典范[①]。

《长恨歌》演出现场图
图片来源：肖乾梅拍摄

（二）发展要点

选址第一	• 区位优势明显，可进入性强。 • 强大客流支撑，依托游客量大的景区或目的地。 • 气候适宜、安全，避开自然灾害多发地和污染源等。
主体为要	• 政府主导：在项目引进及建设中给予资金支持及相关政策保障； • 企业主导：企业在项目地资源优势明显，如拥有土地、人才、资源以及产业运营能力强等。
文化为魂	• 挖掘文化：在地式深入发掘地域文化特色； • 落实主题：确立主题、产业聚焦、消费集聚形成品牌效应； • 多维联动：通过科技、美学、生活、生态、时尚等多维度设计可体验的文化形式。

---

① 周亚娟."长恨"翻新曲　千古成绝唱——浅论情景剧《长恨歌》的艺术特点［J］.四川戏剧，2007（6）：63-64.

项目启动前，需要明确盈利模式，一般有以下两种：
- 模式1：单体盈利，演艺单体盈利能力强或相关业态丰富；
- 模式2：补贴经营，借助政策补贴支持等。

二、剧场演艺

剧场演艺指剧场旅游演艺，是以旅游景点或城市为依托，在特定剧场内针对旅游人群打造的驻场演出，多以展示当地文化特色，综合歌舞、戏剧、曲艺、杂技等多种演出形式的演艺产品。其基本特征表现为：一是固定在室内演出；二是有演员参与剧目表演。

（一）发展现状

1. 总体情况

《旅游绿皮书：2018—2019 年中国旅游发展与预测》[①] 一书中，《中国旅游演艺行业的发展趋势与未来创新》专题报告显示，2017 年，包含主题公园演出和独立剧场演出在内的剧场演艺剧目共 197 台，共演出约 66630 场，接待观众 5347.66 万人次，票房收入 36.90 亿元，分别较 2016 年同比增长 15.88%、18.89%、35.92%、20.78%。

在 197 台剧场演艺剧目中，主题公园演出剧目数量为 26 台，仅相当于独立剧场演出剧目数的 15.2%，而票房收入却超过 23 亿元，是独立剧场演出票房收入的 1.7 倍。

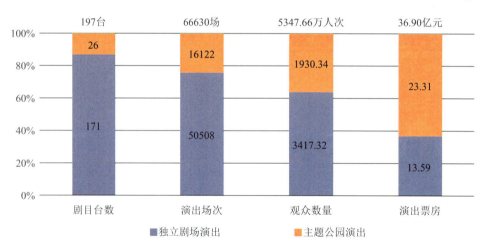

2017 年全国剧场演艺及细分类型情况

2. 市场主体

剧场演艺市场主体以民营企业为主，60% 的高票房剧目来自于民营企业。其中，

---

① 宋瑞.旅游绿皮书：2018—2019 年中国旅游发展与预测［M］.北京：社会科学文献出版社，2019.

房地产、互联网、金融、文旅等企业与机构投资较多。如 2018 年 10 月，在杭州中国越·剧场开演的《三笑》，其投资者为阿里巴巴集团、绿城集团、远行地投资有限公司和浙江小百花越剧院（团）。

大型房地产及文旅企业上马各类剧场演艺

企业	代表演艺剧目	投入资金	形式	演出场次	观众人数
华侨城	《金面王朝》	3.2 亿元	室内	450 场（2014 年）	50 万人次（2014 年）
港中旅	《功夫传奇》	1780 万元	室内	每天两场	880 个座位，平均上座率 70%
	《梦归琴岛》	1.2 亿元	室内	每天一场	—
万达	《汉秀》	25 亿元	室内	—	—
中坤	《宏村阿菊》	2.3 亿元	室外实景	约 180 场（2014 年）	约 10 万人次（2014 年）
宋城	《宋城千古情》	2.5 亿元	室内	1300 多场（每年）	4800 多万人次（1997—2013 年）
曲江文旅	《梦回大唐》	—	室内	约 400 场（2013 年）	约 13 万人次（2013 年）

资料来源：巅峰智业创新研究院根据公开资料和相关文献整理。

3. 市场份额

以"千古情"为代表的宋城演艺一家独大	
演出场次多	剧院规模大
"千古情"系列每年演出 8000 多场，观众 3500 多万人次。	宋城演艺旗下拥有 35 个各类型剧院、75000 个座位数，超过伦敦西区全部座位数，超过美国百老汇全部座位数。

4. 开发优势

相较于实景演艺，剧场演艺演出时间灵活，演出场次多，可实现全年全时段演出。一方面不再受制于气候条件影响，另一方面不再受制于白天黑夜影响，一般借助于灯光特效等可以呈现更好的视觉效果，室内的剧场演出可利用封闭空间进行氛围烘托。

（二）发展要点

选址重区位

项目选址一般要求交通区位好，可进入性强，如位于一线旅游城市或热门 5A 级景区附近，距市区或核心景点 30 分钟左右车程为佳，可有效保障客源。

案例链接：宋城演艺项目选址

相传，宋城集团有一本"千古情系列宝典"，上面记载着近 1000 个指标，包括旅游人群、辐射区域、地区经济、文化底蕴等各大类和演出实操的各类标准。只有各类指标达标超过 700 项，项目才可以落地，如果只达到 500 个则很难成功。从杭州、三亚、丽江、九寨沟的项目发现，项目距市区或核心景点距离均在 30 分钟之内。

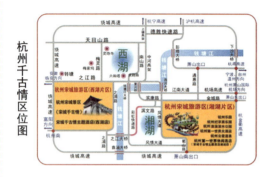

杭州千古情区位图

丽江千古情区位图

三亚千古情区位图

九寨千古情区位图

灵活利用场馆

·新建剧场：一要项目地的土地和政策优势明显，预期土地增值和溢价能力强；二要投资主体具有较强的产业整合能力和运营管理能力。

·老场馆改造：低成本。

市场化运作

相较于实景演艺，剧场演艺数量多，竞争激烈，市场化运营相对灵活，更便于在市场客群和需求变化中，通过快速决策对演出进行相应调整。

多业态经营

做好"演艺 +"，以剧场演艺为核心引爆，打造演艺主题特色小镇、演艺特色主题公园、演艺特色度假区、演艺型文旅商综合体、演艺产业集群。

多渠道推广

多渠道巩固团散游客，利用节事活动、渠道拓展、影视上镜等多种途径，多管齐下。其中，针对团体游客，应积极与周边旅行社合作；针对散客，可与酒店、地面交通、网络旅游平台等合作。

三、光影演艺

光影演艺一般也称为光影秀或光影剧，是介于实景与电影之间的一种新光影艺术形态。通过声光电、水雾火、全息投影、多维激光、威亚特技等新型舞台技术及设备的应用，深度挖掘景区或目的地文化特色，使用 5D 成像等科技手段真实再现不同时代的不同场景，为游客带来震撼、超乎想象的沉浸式感官体验。

（一）产品特点

目前，光影演艺在中国尚处于探索阶段，在文化内涵的发掘、消费体验的设计、创新手法的运用等方面仍需进一步提升。光影秀区别于传统的演出，具有以下六大特点：

低造价	光影秀一般借助于楼体、山体等现有介质进行投影，施工成本低，前期投资主要包括内容创作、设备采购和安装服务，一般仅需传统实景演艺和剧场演艺 10% 的投资。
轻运营	无真人演出光影秀由于不涉及演出人员薪资和场馆维护支出，其运维成本除设备折旧费外，仅需每场演出所需的电费成本和少量运营管理人力成本。
高科技	光影秀借助全息技术、光影技术、AR 技术、VR 技术等高科技打造故事情节、还原历史、展现美景、体现文化内涵，让游客获得一种沉浸式的体验。
周期短	大多数光影秀演出不需要新建场地和大型设施，施工周期短，如连云港老街的《天海传奇》仅 28 天工期。一般情况下，一场光影秀演出从策划到公演仅需 3~6 个月。
易迭代	光影秀一般不涉及演员更换、场次排练等问题，其内容更容易实时更新。如可对本土文化进行挖掘和展现，并结合新的 IP 主题，进行光影秀内容的更迭，持续吸引游客。

回报高	光影秀引流明显，不仅对周边业态有积极的刺激作用，同时可助力景区及目的地树立新品牌形象，品牌效益和经济收益也会逐渐显现。

（二）产品类型

光影秀依据项目所在地现场地势、资源及投影介质等不同，分为七大类型：

1. 水墨光影秀

水墨光影秀主要以城市、广场、景区的水体作为载体，根据场地位置，结合水幕环境，投放光影。也可结合游客需求、场地条件，延伸开发"水、火"不同主题的光影秀，打造奇幻、震撼的水火奇景。

案例链接:《光都米易》

项目位于四川省米易县，为室外公共大型空间水幕光影秀。运用 30 台高流明数字投影灯、600 台智能电脑灯、100 组二维跑泉、高喷和 5 台大功率全彩激光灯，配以音乐渲染，营造出了高品质的视觉效果。每天来现场观看的游客达到 10 万人次，演出 15 天即为当地带来了 3 亿元的旅游收入。

 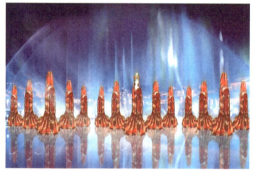

图片来源：中视巅峰授权使用

案例链接:《圆梦新丰江》

《圆梦新丰江》以新丰江为载体，将广场、河岸、楼体等实景与"光影技术"相结合，运用声光电、全息投影和水体特效等高科技手段进行整体打造。作为中国首个以主题光影秀带动整座城市亮化的演出，通过中心区引爆整座城市夜景，带领游客开启新丰江梦幻之旅，提供"多元、唯美、震撼"的视觉体验。营造梦幻氛围的同时，融入云髻山、樱花、三角枫、舞火龙等地方特色元素，让《圆梦新丰江》成为独具特色的城市夜景名片。

图片来源：中视巅峰授权使用

2. 楼体光影秀

楼体光影秀用于景区、小镇、商业街区等场景，其载体可为废弃楼栋，也可为商业大厦等，可根据当地文化创意故事，结合墙体的原有形态，打造效果震撼的楼体光影秀。国内楼体光影秀越来越多，如上海音乐厅、广州体育场、北京燕莎百货、连云港《天海传奇》等楼体光影秀、光影剧不断吸引着广大群众。

3. 崖壁光影秀

崖壁光影秀大多运用于自然山水景区，将灯光与山体整合为一体，让游客既可欣赏山体的造型，还能感受光影所展示的历史变迁。崖壁光影秀也可以选择演员参与，结合地形地貌共同演绎当地文化故事。

> **案例链接：卡帕多西亚 Zelve——奇岩怪石光影秀**
>
> 卡帕多西亚位于土耳其东南部，于 1985 年被联合国教科文组织列为世界自然遗产。光影秀以整个 Zelve 露天博物馆为大屏幕，由历史学家监督制作的 30 分钟光影秀展示了卡帕多西亚奇特地貌的形成，赫梯人如何生存，基督教传教士们如何凿洞或者挖掘地下城生活，以及赛尔柱帝国时代、奥斯曼帝国时代等历史重要时刻的内容。这里可私人定制灯光秀，还可参与晚宴、鸡尾酒会，以及购买多种衍生文创产品。

> **案例链接：《寻梦龙虎山》光影实景秀**
>
> 项目位于江西省鹰潭市龙虎山风景区内，有着世界上最大的天然投影崖壁，高 90 米、宽 190 米，总面积达 18000 平方米。演出的创作团队巧妙地借用龙虎山独特的天然景观，辅以声光电设备及技术手段，通过艺术化渲染，展现精美绝伦的视觉画面。

《寻梦龙虎山》彻底颠覆了"传统舞台"的固有概念，创造了全新的观演关系。演员与观众真正互动，让观众融入表演之中，演员走进观众中去。通过加强观众与表演的互动性，让观众主动将自己代入其中，感受奇幻仙境的魅力，从现实穿越到两千年前的古越时代，以"步入游览"的形式，近距离感受古代的人文风情和道教发源地独有的道家哲学。观众们时而漫步于彩蝶飞舞的万花丛中，时而同各路仙灵泛舟秀美山水间，一捧泸溪水，三分逍遥意，此般心境，妙不可言。

4. 高塔光影秀

高塔光影秀是指利用高塔这种特殊形态介质，打造的光影秀，表演形式多样，可有演员配合参与。如张家口下花园的《西游归来》，以下花园发电厂3座废旧水塔为背景，下花园当地故事传说为载体，结合西游后记进行情景化包装，实现高塔激光秀＋幻彩水面舞台的高度融合。

《西游归来》

图片来源：中视巅峰授权使用

5. 剧场光影秀

剧场光影秀适用于景区、文旅商综合体，一般借助先进声光电技术，在对现有剧场空间进行改造或新建剧场的基础上实现，大多有演员配合演出，且室内外场馆可结合应用。大型实景民族史诗光影剧《满秀》融合了声、光、电多种技术，将满族的文化、民族风情以及神秘的萨满教仪式充分展示给观众。

河北承德《满秀》演出效果图

图片来源：中视巅峰授权使用

6. 洞穴光影秀

洞穴光影秀适用于自然景区中，一般借助溶洞、峡谷、峰林、绝壁、暗河等多种自然景观与资源，通过自然化、艺术化、场景化、科技化等手段，利用光影技术以多元、多变的方式带给游客沉浸式、动感交互式体验。

案例链接：云南九乡旅游区溶洞灯光秀

图片来源：视觉中国授权使用

项目位于云南省昆明市宜良县九乡彝族回族乡境内。景区内有大小溶洞百余座，成群连片，体量宏大，被专家们誉为"溶洞博物馆"，拥有国内罕见的绝景。通过科技手段打造的光影秀将蔚为壮观的自然景观、彝族文化以多变、多元的方式向全世界展现。依靠光影秀演绎历史文化，参观游客时而穿梭于彝族古老的"火神传说"中，时而触碰到彝族古老的文字，时而流连于宽大墙壁上的碧波水光中。同时，通过投影技术可实现扫码送祝福、互动抢红包等，更为旅游活动增添了互动乐趣！

7.光影空间秀

与其他光影秀相比，光影空间秀更强调光影景观在空间上的联动。通过灯光变幻、音乐演出展现当地文化、创作主题，进而形成具有灵动感和活力感的空间氛围。适用于主题公园、特色小镇、商业街区等。

具有代表性的是广东顺德华侨城的光影空间秀《声光电水舞》，其以水系为纽带，将一河两岸建筑群及标志性地标的灯光、音响系统串联在一起，用激光、数码喷泉、旱喷、音乐等在各区域形成不同的亮点，打造出超 10 万平方米的大型全彩激光立体空间秀，点亮了顺德城市夜空，引领了顺德夜间经济[①]。

图片来源：巅峰智业、创一佳授权使用

---

① 巅峰智业.夜间经济：顺德光影空间秀 科技、文化与体验的"夜名片"［OL］. http://www.davost.com/news/detail/5850-65fedea53f.html.

CHAPTER SIX

第六章　夜宴：地方风味，舌尖体验

　　俗话说，民以食为天。要想抓住游客的心，就要先抓住游客的胃。餐饮是夜游经济最受欢迎的业态之一，各地的夜市、夜间美食街、夜间美食节都非常受欢迎。本章聚焦夜间餐饮业态，分析了美食夜市的起源、选址、美食种类、规范化管理及营销策略；阐释了美食街区夜游地位、时空布局、文化联结及客群细分的重要性；研究了美食节活动的举办理念、活动内容、运营机制、合作方式等，为旅游目的地更好提升夜间餐饮产品品质指引了方向。

餐饮是夜游经济的重要组成部分。受停留时段影响，"游、食、购、娱"四大旅游要素之间的关系也随之发生变化。其中，白天多以"游"为中心，"食、购、娱"穿插其中；而夜晚时段，"食"则成为夜游的重点，多表现为以"食"为中心，"游、购、娱"穿插其中。

由于旅游要素体验的时空关系，随着餐饮的聚集和品牌的延伸，可形成一定规模和影响力的美食夜市、美食街区、美食节等产品，从而构成丰富多样的"夜宴"形式。

一、美食夜市，体验最地道的市井味道

中国的夜市文化源远流长，发源于汉、唐，在制度、贸易等因素影响下，古代夜市则在宋代开始流行起来。如今，为满足各阶层消费者的不同需要，固定夜市和流动夜市成为夜市经营的两种典型形态，在相应规划管理及配套设施服务支持下，通过品牌打造和美食集聚，夜市为居民和游客提供了共享的夜生活空间，同时也承载着地域文化信息，成为一种都市民俗文化。

（一）追根溯源，探寻美食夜市的前世今生

1. 古代夜市发展历程

汉	唐	宋	元明清时期
倪根金等发表《汉代夜市考》，钟兴永认为西周夕市是夜市的雏形。	"鬼市"作为唐代夜市经济的雏形，在农村较普遍，多以农民交易农产品为主。	坊市制被冲破，"禁夜令"的取消，是夜市发展进程中的里程碑，夜市逐渐呈现规模化趋势。	文化贸易交流加强，夜市达到中国古代社会最繁盛的时期，但晚清夜市商品质量差，出现警察对夜市的专门管理。

2. 夜市形成因素

制度因素	唐末以来商业发展，坊市制度走向崩溃，宋代取消宵禁，商业活动逐步摆脱时空限制。	民族文化贸易交流	宋朝是中国历史上经济、文化、科技最兴旺的朝代，吸引各民族间的文化商贸交流，进而助推形成夜市。

交通运输的发展	码头、渡口等交通要塞是贸易往来的媒介，也是摊商交易的重要场所。	文化娱乐业的带动	酒楼、茶馆等饮食娱乐业以及曲艺、灯市等文化民俗的繁荣，带动了夜市的发展。
庙宇街区因素	庙宇自古即为居民生活、文化节庆重要聚集场所，由此而成的夜市常具有悠久历史。	岁时民俗夜市	岁时节庆如元宵节、中秋节、庙会等，繁华的节庆夜市成为最具普遍性的夜市。

案例链接：南京秦淮河夫子庙夜市

　　秦淮河夫子庙夜市是南京最著名的夜市之一，其主要形成因素有：

　　·水运交通的带动。秦淮河是南京最大的区域河流，内河的发展集聚了众多摊贩交易。

　　·文化娱乐业的发展。秦淮河夜市以酒楼、茶馆等为主，与歌舞戏剧等文化娱乐业密不可分。

　　·夫子庙人流的集聚。夫子庙自古即为重要的文人聚集场所，夜市十分繁华。

图片来源：视觉中国授权使用

（二）形式丰富，聚集种类多样的特色美食

　　美食夜市相较一般餐饮店而言，在消费内容上聚集风味独特、种类多样、便宜实惠的当地特色食品和小吃，能够满足消费者多样化的需求；在经营形态上多由小吃摊的聚

集而逐渐聚市，一般可分为固定夜市与流动夜市。

1. 固定夜市

固定夜市也叫定点夜市，每晚营业时间和营业地点固定。夜市管理方面由所在地综合行政执法部门、食品药监管理部门、市场监管部门等负责。夜市经营者一般应按照规定时间上市、收摊，不得提前、推迟。

案例链接：基隆庙口夜市与台北士林夜市

我国台湾夜市最能反映台湾饮食文化，目前我国台湾有固定夜市62个，台北市以17个夜市居于榜首，2010年，我国台湾地区的交通观光部门为推广台湾的夜市观光，特别举办了"2010年特色夜市选拔活动"，基隆庙口夜市、台北士林夜市分别荣获"最美味夜市"和"最有魅力夜市"称号。

□基隆庙口夜市
- 地点：基隆奠济宫庙口，邻近基隆火车站。
- 特点：闻名遐迩的小吃市集，也是台湾小吃饮食文化的代表。
- 特色小吃：光复肉羹、沈记泡泡冰、天妇罗、蛤仔煎、三明治。

□台北士林夜市
- 地点：台北士林区界于三角地带内，近剑潭客运站。
- 特点：台北市内最大、最为人所知的夜市之一。
- 特色小吃：大饼包小饼、士林大香肠、水煎包、生炒花枝、豪大大鸡排、药炖排骨、青蛙下蛋、雪花冰。

图片来源：视觉中国授权使用

---

2. 流动夜市

相对于固定夜市，流动夜市在举办地点和形式上更加灵活，如在某个城市或某个区域范围内，每天在不同的地方举行。在组织和管理方面，一般由指定或自组的流动夜市自治会进行筹组及日常管理。

案例链接：台南花园夜市

台南花园夜市是我国台湾最大的流动夜市之一，共约400个摊位，每周的周四、周六、周日晚上营业。

□台南花园夜市
- 地点：台南市北区海安路三段。
- 特色小吃：阿美芭乐、春卷冰淇淋、统大碳烤鸡排、陈记港式鱼蛋、四草蚵仔煎、杰旗鱼黑轮。

图片来源：视觉中国授权使用

（三）多管齐下，强化规范管理与服务配套

美食夜市是一个包容度非常高的地方文化与创意展现场域，在夜市持续优化的过程中，引导夜市持续健康发展需要相关部门及各方力量共同努力。同时，根据餐饮加工需求、环境保护及交通便利等要求，美食夜市在建设时要综合考虑环境卫生、交通组织、服务设施、产业及文化、水电供应、消防安全等因素。

环境方面	• 由商圈及从业者制定自主管理规章，控管营业时间、垃圾、噪声、油烟、道路交通等问题； • 规划整体消防安全及逃生线路、紧急救护系统（交通及活动节点）； • 主要商圈街道、购物广场、过窄通道等需纳入总量管理机制。
交通方面	• 扩大区外停车空间容纳量，持续完善密集式、回路式大众运输接驳； • 主要时段人车分流、部分路段限定单行，加强取缔、拖吊等管理措施，结合动态实时信息系统提供服务。
产业及文化方面	• 坚持创新，在店家产品、环境方面利用辅导、认证、评比、促销等机制来持续提升； • 可规划提供新创业者资金及场所示范区； • 与大学校园、时尚流行文化、特有物产及文化主题做更好的结盟。

服务方面	・协调周边公共服务设施（如停车/厕所等）重点时段部分开放； ・加强商圈方向及服务设施导览系统、云端及无线传输系统应用； ・建立并持续更新店家导览、优惠信息，提供专属手册、折页及商圈网站； ・提供居民就业、学生实习工作岗位，提升服务、清洁、导览人员的综合素质。

案例链接：开封鼓楼夜市

开封鼓楼夜市曾多次休市，2014年全面整治后，华丽回归。

・环境整治

鼓楼夜市规范了清洁卫生及用水，保证清洁餐具用水，摊位配备垃圾密闭容器，方便垃圾投放和清运。

・交通整治

全面整治后，交通升级，夜市摊位分布于公交车环道四周大小不等4个区域的人行道上，车道与摊位有了明显界线，交通秩序大为改观。

图片来源：视觉中国授权使用

案例链接：曼谷Art Box夜市

Art Box集装箱创意夜市始于2015年6月，在Instagram招募年轻摊主，打造"快闪"式的夜市新玩法。

・摊位的创新性

夜市的商家均由Art Box Thailand公司事先审核，从中挑选出最具创意性与特色性的店铺。

・服务的信息化

Art Box有官方网站，提供夜市活动

图片来源：视觉中国授权使用

信息、摊位特色介绍、摊位专访等，为游客及营业者提供最新消息。

（四）打造夜市品牌与爆款美食

着眼美食夜市中的文化特色，放大夜市背后的传说、制作工艺、传承人故事等，让人不仅有味蕾上的体验，更有视觉与听觉上的文化盛宴。

整合集体效应，梳理城市品牌

· 挖掘本土特色，集聚地方特色小吃；
· 把创名牌、保传统、守信誉作为美食夜市长久建设的根本，做精做大、做优做强；
· 纳入城市营销，突出营销特色，做亮夜游新名片。

案例链接：西安回民街

　　回民街是西安著名的美食文化街区，以西北风情为特色，商业网点与传统建筑风格相融合，地方特色小吃有羊肉泡馍、肉夹馍、凉皮等。

图片来源：李瑶瑶拍摄

创意表现形式，加强体验营销

· 创意包装小吃店名称，赋予其特殊含义，使其符号化；
· 制作过程前台化，以表演化制作过程吸引游客；
· 适时推出试吃活动，强化游客美食体验；
· 收集顾客反馈，及时准确地改进口味。

案例链接：丽江四方街

　　四方街位于古城核心区，具有典型的纳西族风格，店铺名称多以东巴文标识，店铺名称也极具民族风情和创意，如《舌尖上的中国3》中提到的网红餐馆"阿妈意纳西饮食院"就很有创意。

巧用媒介手段，打造网红爆款

· 与新媒体、电视节目等媒介融为一体，注重自身品牌宣传，紧抓食客喜好，打造网红爆款夜市、爆红小吃；
· 借用明星政要等名人效应，加大宣传力度。

案例链接：成都夜猫子夜市

于 2016 年 11 月开业，除成都传统小吃外，手工达人表演、文艺歌手演唱、Cosplay 等多类活动交织穿插。芝士榴莲桩饼尤为火爆，商家联合抖音宣传，将其打造为刷爆抖音的网红美食。

图片来源：视觉中国授权使用

二、美食街区，吸引夜游游客的重要载体

民以食为天，旅游要素中的"食"是带动旅游经济发展的最重要的一环。很多城市都以美食街区做为自己的载体，来彰显城市特色，也促使其成为一个较为独立的夜游项目，并迸发出强劲的吸引力和生命力。美食街区的发展对促进三产融合，拉动旅游经济发展，促进城市文化的集成与发展，改善城市人居环境都具有十分重要的意义。

美食街区由多条相邻街道形成，以区域文化为背景，以"食"为主题，以"住、行、游、购、娱"为配套，是具有生活气息与旅游意义的社会交往空间。美食街区超越了观光旅游的层次，是对体验式旅游需求的回应。它突破了一般美食街的线性结构，是美食街发展的高级阶段，[①] 具有文化性、便捷性、休闲娱乐性的特征。

中国各地美食街区（部分）

南宁中山路	南京夫子庙	北京簋街	成都锦里
图片来源：图虫网授权使用	图片来源：视觉中国授权使用	图片来源：图虫网授权使用	图片来源：图虫网授权使用

① 张旗.名城视角下的美食街区开发策略研究［J］.美食研究，2014，31（2）：19-23.

武汉户部巷

图片来源：视觉中国授权使用

上海城隍庙

图片来源：视觉中国授权使用

青岛中山路劈柴院

图片来源：图虫网授权使用

丽江四方街

图片来源：视觉中国授权使用

西安回民街

图片来源：李瑶瑶拍摄

厦门中山路步行街

图片来源：视觉中国授权使用

（一）美食街区夜游地位的提升策略

美食街区夜游地位提升策略

· 美食街区要因地制宜，以"食"为主题，而不是以"食"为全部内容，关键是要保持"食"对其他夜游要素的整合作用；

· 美食街区管委会等相关部门要积极行动，将美食街区的开发嵌入旅游行政部门的营销战略框架之中，从而获得城市营销的红利；

· 充分利用智慧旅游潮流，构建旅游信息互动及游客体验数据采集的网络信息平台，拓展未来市场空间；

· 要尊重和保障美食街区居民的利益，推动居民参与美食街区营销，增加游客体验的社交环节[①]。

（二）美食街区旅游要素的打造要点

1. 结合游客停留时段开发体验旅游

相关研究显示：傍晚是人的理性让位于感性的阶段，人开始放松，这时的游客很容

---

① 张旗.名城视角下的美食街区开发策略研究［J］.美食研究，2014，31（2）：19-23.

易进入体验状态。因此，傍晚是美食街区在旅游产品开发上要重点把握的特殊时段。以浓郁的生活情调与市民待遇吸引游客，让游客住下来。[①]

2.利用交通串联周边业态强化商业性

美食街区可通过内外部交通延长游客停留时间。通过内部交通串联"住、游、购、娱"等要素业态，构建基本保障体系；通过外部交通联动美食街区周边景区、商业街区、酒店、休闲场所等，使美食街区的商业功能复合化，提升其在区域的核心地位，发挥商业带动作用。

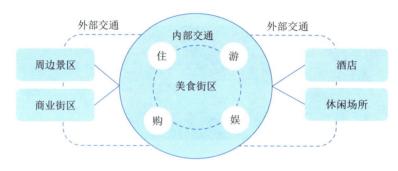

美食街区时空转换模式图

（三）美食街区地域文化的联结呈现

美食街区可以是受保护的古街区，也可以是新创街区。无论是古街区还是新创的美食街区，都需要在经营主题、空间环境、美食种类、招商思路、空间规划上融入当地特色文化。

经营主题	·依托当地文化特色，通过空间主题环境、情景道具等创意化主题空间打造，形成独特的亮点； ·制造新闻创意舆论，通过媒体营销，提升整个区域的客流量及知名度。
空间环境	·静态空间方面，街区所有建筑风格要力求统一，形成整体氛围； ·动态空间方面，通过设置文化艺术表演、生活体验等，提升旅游舒适性、方便度和趣味性。
美食种类	·以老店名菜为亮点，以本土小吃、家常菜为基础，以外来连锁餐饮为补充； ·掌握当下的流量热潮，聚集好玩又好吃的餐饮品牌，创造出吸客又吸睛的"热潮美食主题街区"。

---

① 张旗.基于体验视角的美食街区开发研究［J］.扬州大学烹饪学报，2013，30（3）：37–41.

招商思路	• 抛开定势思维，灵活安排业态及餐饮品牌组合，聚焦特定的主题，结合当下的生活方式，做到极致，做出深层次的差异化。
空间规划	• 研究消费动线，捕捉游客逛街购物休闲的心理，合理聚集和分散人流，有效引导游客动线； • 业态规划应与建筑相结合，并合理进行分区，营造合理的体验氛围。

案例链接：成都锦里商业街

锦里商业街紧临武侯祠和南郊公园，2004 年开业，总街长 340 米，平均街宽 3~4 米（最宽 6 米），总建筑面积 6520 平方米，是成都市首座以传统川西古镇为建筑风格的休闲街区，是成都形象名片之一。

图片来源：视觉中国授权使用

· 三国蜀汉经营主题

锦里商业街上各个商家店铺均统一使用三国风情店招，小吃街统一使用有锦里标识的餐具，锦里内各商家也都通用"锦里一卡通"等，形成特色三国蜀汉风情主题。

· 建筑风貌

锦里商业街店铺修旧如旧，形成巴蜀民俗和三国蜀汉文化的民俗风情街。

建筑风格：采用清末民初的四川古镇建筑风格，与武侯祠博物馆主题风格一致。

装饰方面：使用大量木材和小青瓦，青砖铺地，并辅以民间红绸、灯笼装饰。

图片来源：视觉中国授权使用

· 商业业态

锦里商业业态以餐饮为主，占比 44%，美食种类十分丰富。

锦里美食招牌：三国茶楼、三顾园酒楼。

特色小吃：张飞牛肉、李长清三大炮、锦里天主堂鸡片、皇城坝小吃。

· 招商特点

只租不售：武侯祠拥有锦里商业街的品牌、土地使用权和店面所有权，管理公司拥有经营权。

错位经营：严格定向招商，有效降低业态重复、经营产品重复，形成了锦里"色、香、味"俱全的独特魅力。

·空间形态及布局

呈线性发展，哑铃式布局。特意设置由宽到窄的街道，符合游客逛街购物的心理习惯。

图片来源：视觉中国授权使用

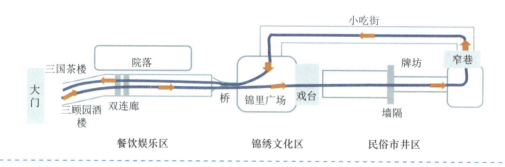

（四）美食街区餐饮产品的设置

考虑团队与散客、不同年龄段、不同性别及专项需求游客群体的不同特征，锁定主要目标市场，并有针对性地设置相应餐品，进行空间布局，营造环境等，扩大街区兼容度，更好地满足游客消费体验，提升街区吸引力。

▶ 团队与散客

	客群特征	产品设置
团队	人数多，集体用餐，用餐空间要求大。	要打造周边大容量餐饮空间。
散客	人数少，单独用餐，重休闲。	散客为美食街区重点客群，要着重打造散客晚餐，增强游客体验感。

不同年龄客群

	客群特征	产品设置
青年	精力充沛，爱刺激，经济消费能力低，习惯晚睡晚起。	侧重于夜场的本地特色家常菜。
中年	独立性较差，社交需求大于生理需求，消费能力较强。	注意餐饮特色与档次的结合。
老年	体力有限，食物忌讳多，早睡早起，自身旅游消费低，社交消费高。	侧重于清淡餐饮及馈赠食品。

男性与女性

	客群特征	产品设置
男性	更注重质量，价格影响小，不喜排队，购买行为常具有被动性。	以高品质正餐为主。
女性	对食品的颜色、包装、气味、卫生等有着细致要求，少食多餐。	菜品多样化、精致化，注重氛围营造和服务细节。

专项需求游客

	客群特征	产品设置
政务会议	代表政府形象，有城市及地方营销的战略意图。	适当设置高端地方餐饮，数量适中。
商务会议	多参与商务活动，更希望餐饮与休闲娱乐能有效结合。	与周边娱乐场所合作联动。

三、美食节，营造最浓烈的消费氛围

美食节是以节事的形式，依托当地商业功能区，汇集某一地域或某些区域的美食进行展销[1]，促进餐饮与商务、商业、旅游、文化等产业联动发展。目前，我国美食节已成为地方热门活动，部分城市更是因美食节成为热门旅游目的地，吸引大量游客和当地居民前往[2]。

国内各大城市美食节举办情况一览表（部分）[2]

城市	历时（天）	主题口号	活动内容	活动会场（主会场）
成都	10	"天府成都，慢食之都"	采用"3+3+N"的活动方式：世界大厨 PK 川菜大师、"天府盛宴"主题文化宴展评活动、川菜品牌认定评选 3 个主题项目，以及美味方舟、慢食小镇、美食主题互动体验等 N 场系列活动。	大邑县安仁古镇和成华区永立星城
西安	30	"丝路美食，挑战味蕾的舌尖之旅"	丝绸之路传统（国际）美食名品展示、惠民活动、美食探秘活动等。	西安国际会展中心
开封	11	"过圣诞，吃美食"	开设环球国际美食区、中华小吃区、开封老字号区、台湾美食区；圣诞、元旦 SHOW 主题活动，引入欧洲圣诞创意集市，100 名圣诞老人狂欢巡游等。	开封星光天地外广场
杭州	30	"韵味杭州，精彩美食"	特色名吃推广、特产食材推介、论坛峰会、百姓美食体验、开闭幕式和颁奖盛典等。	吴山广场
广州	11	"食在广州，味在番禺"	中华厨艺展示和文艺表演活动；制作饮食文化宣传片；"美食齐分享"摄影比赛、传祺汽车抽奖等活动。	番禺大道广州国际美食文化广场

美食节形式多样，一般可分为单一性美食节活动与综合性美食节活动。单一性美食节独立存在，只有美食展销，如特色小吃节、小吃巡展、美食展销会等；而综合性美食节同其他活动或直接与传统节日一同举办，共同烘托气氛等，如啤酒节、庙会等，现在多以举办综合性美食节活动为主。

案例链接：德国慕尼黑啤酒节

慕尼黑啤酒节是德国传统的民间节事活动，起源于 19 世纪初，已有两百多年历史，一般在每年九月底至十月初举行，持续两周时间。慕尼黑啤酒节是以啤酒特色美食为主题，融合传统十月节日游行与不断创新的现代娱乐活动等而成的综合性美食节活动。

---

[1] 栾金平.浅谈高校美食文化节的意义和影响——华中师范大学美食文化节实践与探索［J］.高校后勤研究，2019（03）：56-59.

[2] 张珊珊，武传表.美食旅游节对举办地的影响研究［J］.改革与开放，2018（05）：89-91.

德国慕尼黑啤酒节

啤酒主题特色美食活动	传统十月节日游行	多样娱乐活动

特色餐饮：特制啤酒、啤酒美食、传统小吃（香肠、泡菜、烤牛尾）。
开幕式：市长主持，用木槌敲开第一桶新酿啤酒，宣布啤酒节开幕。
啤酒棚：供酿酒厂展销啤酒，装饰五花八门，各具特色。

盛装游行：由各大啤酒厂组织，德国全民参与其中，民众穿上民族服装，扮演各色人物形象，驾着古典马车，搭配欢快音乐，共赴举办现场。

娱乐活动：乘坐大转轮、旋转木马、云中翻、亚洲恐怖宫等娱乐设施。
体验活动：体验地震、火山、飓风等仿真性活动。

图片来源：视觉中国授权使用

　　一个成功的美食节需要诸多方面的支持，需要在坚持规范化、地方性、文化性、创新性、整体性和可持续发展原则的基础上，通过政府引导、企业主导、专业协会监督协调、全民参与，重点抓好办节理念贯彻、活动内容策划、运营机制完善、营销宣传推广、全方位合作等工作。

（一）活动理念绿色化、智慧化

1.绿色低碳理念的注入

　　绿色低碳餐饮不仅需要注重保留食物本身的天然与营养，还包括生产和消费过程的低碳化。针对美食节组织者、参展企业、当地居民、美食节参与者等，需全角色、全方位地倡导绿色低碳饮食理念的注入与实施。

美食节组织者	当地居民
倡导绿色低碳理念，探索节事活动举办期间的节能降耗环保的实施方案。	承担参展企业经营管理的监督角色，通过投诉督促参展商规范生产。

参展企业	美食节参与者
坚持清洁生产、绿色管理，探索节能新方法，合理使用资源与能源，改善饮食烹调技艺，积极开发绿色生态饮食产品，使用低碳包装，简化包装。	加强绿色低碳意识，保护节事活动现场生态环境，适度消费，不浪费食物，担当起宣传绿色低碳饮食理念的社会责任。

2. 节事活动的智慧化发展

智慧旅游是一种现代的新型旅游理念和形式，可实现游客与网络实时互动，让旅游行程安排进入"触摸模式"。对于大型饮食类节事活动来说，开启"智慧节事"建设，不仅能给游客带来便捷，同时亦可带来新奇体验。[①]

提供会场公共Wi-Fi服务　　开通美食节微信平台　　制作互联网终端微官网

公共场所粘贴美食节二维码　　建立"手机点菜系统"　　打造美食节一卡通系统

（二）活动内容创意化、主题化

1. 挖掘地域特色

饮食文化作为重要的地域性特色旅游资源，是丰富夜游体验的重要组成部分。举办美食节重在挖掘和弘扬地域饮食文化。地域饮食文化来源于地方餐饮业的精神层面、物质层面及饮食文化资源的地域组合，具有较强的文化和经济价值。

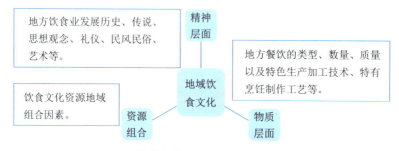

饮食文化组合要素示意图

---

① 林慧.饮食类节庆的旅游开发研究［D］.华侨大学，2014.

　　美食节挖掘地域饮食文化，应以地域历史文化为依托，展示饮食文化的区域特色，带动相关产业发展，促进美食节活动产生预期效益。

2.借势热门主题

　　对于美食节的主题选择，一般可连接举办地的重大国际性活动或重大战略布局，如国际化政务会议的召开、国际体育赛事的举办、国家重要战略的落实等。

3.注重内容创意

　　在活动内容方面，应注重将美食品尝与文化演出、艺术展览、文化交流、休闲娱乐等相结合，并创意融入现代科技、时代流行元素。

4.强化活动体验

　　直接参与传统美食的制作，品尝传统美味饮食，是感受地方传统饮食文化的最佳途径。以饱含情趣和韵味的传统饮食文化体验为核心，设计丰富多彩的饮食文化体验项目，坚持雅俗、动静、传统与时尚、物质与精神相结合，充分挖掘地方魅力，顺应游客审美心理和欣赏层次不断提高的趋势。[①]

案例链接：广州国际美食节

　　广州国际美食节每年的主题各不相同，但均以时代背景为基础，与当时的餐饮旅游业发展密切相关，以丰富多样的美食为内容，创新游客美食体验活动，制造游客难忘经历。

主题特点　　紧抓社会时政契机，举办相关主题节事活动

　　·2009 年，广州举办亚运会，第 23 届广州国际美食节的主题为"迎亚运，好味在广州"；

　　·2016 年，"一带一路"倡议写入联合国大会第 A/71/9 号决议，美食节增设"寻味海上丝绸之路"活动；

　　·2018 年，粤港澳大桥正式通车，美食节增设粤港澳大湾区美食专题活动。

活动内容　　活动内容综合化、创意化

　　美食节活动内容集美食品尝、歌舞演出、饮食文化展览、餐饮文化交流、休闲娱乐等于一体，且创意融合现代科技、时代流行元素等。

---

① 林慧.饮食类节庆的旅游开发研究［D］.华侨大学，2014.

· 2015年，美食节活动内容：美食展、粤菜文化圣火传递活动、"欢乐美食·全城参与"、"线上线下共品白云名菜"大联动、"白云深处，味动全城"第六届美食烹饪大赛等。

· 2017年，美食节活动内容：国内外美食展示及品鉴，商旅融合活动"舌尖驿站"，粤菜产业发展大会，"互联网＋餐饮"新业态展示交流，"名厨风采"中华厨艺表演等。

案例链接：澳门美食嘉年华

2000年8月，澳门美食节开幕，至今已成功举办20届，由澳门饮食业联合商会及工会主办，新闻工作者协会、中厨协会等协办，并获得了澳门旅游局、基金会等单位赞助。美食节以多元化特色美食为主题，逐渐发展完善主题项目，创新系列活动内容。

起步阶段（2000—2002年）	发展阶段（2003—2005年）
明星和政府首脑为主角 主要特点：规模较小，演艺明星和政治人士充当主角。 主要名人：曾志伟、陈百祥、谭咏麟、特首何厚铧等。	**美食区主题项目形成** 美食区逐渐增设"中式美食街""葡萄牙及欧陆美食街""日本美食街""东南亚美食街""甜品区"共五大主题项目。

成熟阶段（2006年至今）
主题化活动不断创新和完善 2006年，首次举行《澳博冰雪世遗冰灯展》；2007年，美食节首次举办《澳博恐龙世界》；2009年，首次引入"互动光影游戏"；2010年，创造以环球美食为主题的游乐园。

（三）运营机制科学化、市场化

推进科学策划统一管理	强化活动现场管理
· 加强节事活动人才建设，培养策划人才队伍，因地制宜制订方案； · 建立专门管理机构，统一管理节事活动的组织、审批和举办工作； · 强化政府协调与监管，加强引导美食节举办的市场化操作。	· 规范参展企业：对餐饮企业参展进行规范，开展安全培训教育。 · 现场秩序管理：在科学估计每日人流量的基础上，建立定时卫生巡查制度；通过开发娱乐活动项目或设立用餐时段优惠策略，实现游客分流；加大配套设施和服务的投入，解决便民设施不足问题，提供良好用餐和休息环境。

实行市场化运作	建立动态淘汰机制
遵循市场经济运行规律，政府通过制定政策和宏观管理发挥引导协调作用，同时引入大中小型餐饮企业积极参与，将美食节推向市场。	开展效益评估工作，构建节事活动绩效综合评估和节事活动动态淘汰机制，及时发现解决问题，培植品牌美食节。

（四）营销宣传多平台整合

美食节营销已发展成为一种旅游目的地的新型营销模式，同时也对城市旅游发展和形象塑造起着非常重要的作用。新媒体传播时代应综合利用各种传播媒介，尤其是网络宣传营销平台，实现多渠道的宣传推介。在宣传美食节活动的过程中，不仅要注重举办地城市的宣传，更要顾及餐饮企业形象的宣传，以此扩大美食节营销的市场覆盖面和社会影响范围，最终达到吸引游客的目的。[1]

案例链接：成都国际美食节

成都国际美食节通过整合政府与企业资源，综合利用各种传统宣传渠道及网络宣传平台，实现了线上与线下相融合的整合营销宣传，不仅使节事活动得到了广泛的宣传，更提高了成都的知名度与影响力。

· 量身定做美食节主题曲和宣传片；

· 派发《成都美食指南》；

· 开展"美食形象小姐评选"活动与"美食巴士"全城搜等活动；

· 邀请众多重量级的主流媒体参与，如《美食巴士》系列节目，由CDTV-3全程制作并播出，掀起成都美食评选热潮。

（五）活动执行重流程、重协作

美食节活动的举办工作包含节前策划、中期实施、节后反馈与评估三个部分。

节前策划	· 主要包括主题定位、组织分工、活动项目安排、营销策划。 · 由政府、企业、协会主导推进。
中期实施	· 主要指活动现场管理，包括现场服务、突发事件处理、风险管理、媒体宣传、记录与调研。 · 游客、居民、政府、企业共同参与。

---

① 林慧.饮食类节庆的旅游开发研究［D］.华侨大学，2014.

节后反馈 与评估	·效益评估（定性与定量结合）：形象提升效益、文化继承效益、 　产业带动效益、环保 　效益、社会促进效益；问题和经验总结。 ·由政府、协会共同推进。

由此来看，节事活动的成功举办离不开政府、企业、非政府组织以及当地居民和游客在内的多个利益相关者的协调与配合。因而，在饮食类节事活动的策划组织和经营管理过程中，应平衡好各方的利益分配，多汲取民众的意见和建议，构建一个包括政府，餐饮、食品等相关企业，节事、饮食等相关协会，当地居民和游客在内的多方利益相关者之间的全方位的合作体系。[①]

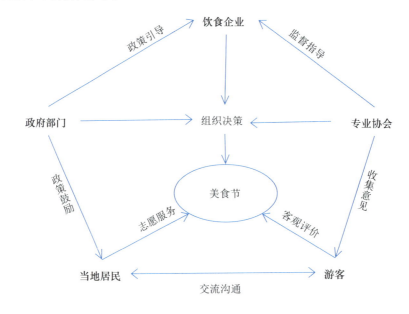

政府引导

·在遵循市场调节的基础上，积极发挥政府的政策引导与宏观管理作用；
·鼓励与扶持大中型餐饮企业积极参与美食节的组织和管理；
·加大监督管理力度，不断规范美食节活动的运营与管理；
·制定美食节活动长期发展规划，开拓美食节旅游客源；
·借助多种营销手段，将美食节营销纳入目的地城市整体营销计划；
·发挥美食节的地方品牌化作用，构建市场化的美食节。

---

① 林慧.饮食类节庆的旅游开发研究［D］.华侨大学，2014.

企业参与

饮食企业应以美食节为自我展示的平台，承担美食节市场运作的主角。
- 自觉树立"投入—产出"理念，构建"投资—回报"机制，坚持自主经营、自负盈亏、自担风险、照章纳税；
- 品牌饮食企业应踊跃参展，带动其他中小企业的参与；
- 加强餐饮文化交流，借鉴国内外优秀元素，推动美食创新；
- 培养和引进高端餐饮人才，传承饮食文化，提档升级美食节发展层次。

专业协会监督协调

- 积极组建节事活动协会、行业社团等非政府组织，充分发挥其协调和监督作用，促进美食节经营、监督和保障体系的完善；
- 加强节事活动行业规范与自律，促进利益相关者对美食节的监督与管理达成共识，及时关注美食节现场的环境管理和节后效益评估工作，并做好监督，促使美食节提高经营管理水平。

全民参与

实现全民共享是中国当代节事活动的根本和主旨，全民的参与与互动是衡量节事活动成败的重要标准。饮食文化是美食节活动的核心价值，且与人们的日常生活息息相关，美食节应是全民的美食节，应坚持大众主体，发挥全民的参与热情，应做到还节于民、还节于游、还节于庆。

CHAPTER SEVEN

第七章　夜购：精致商品，欢购全城

　　从 24 小时便利店到 24 小时超市再到 24 小时购物中心……夜间购物的产品与场景形式越来越丰富，这迎合和顺应了不断升级的消费需求，因此做好夜间购物也变得越来越重要。做好夜间购物的重点在于夜间集市、休闲步行街、综合型商场等不同类型载体的开发、建设与运营，要以全天候运营思维，科学布局夜间消费场所和设施，完善夜间消费内容和活动，实现夜间购物经济聚集化、特色化、多元化、层次化发展。

一、夜间集市

"夜间集市"顾名思义，是指在夜间进行的商业经营活动或场所，又称"夜市""夜集"，场地通常为露天街区。夜市作为夜购的主要场景之一，始于商周之际，汉代已较为成熟，隋唐出现了较大规模的夜市，宋朝夜市更是盛况空前，明朝夜市也很繁华[①]。从"去年元夜时，花市灯如昼""夜市卖菱藕，春船载绮罗""夜市千灯照碧云，高楼红袖客纷纷"……的描述中，可以感受到历代文人墨客笔下的夜市繁华场景。

纵观全球夜间集市，在东亚和东南亚分布最广，并已逐渐盛行全球。我们所熟知的日本Ameyoko夜市、摩洛哥马拉喀什夜市、秘鲁首都利马的Barranco夜市、老挝Prabang（琅勃拉邦）夜市、越南芽庄夜市、美国洛杉矶"山城农夫市场"、法国Audrix（阿基坦）夜市、澳大利亚墨尔本铃木夜市等，带给了人们了解一个地方风土人情和人间烟火的场所。

（一）构建夜间集市的吸引核

夜间集市具有交互体验场景的特性，是游客直接了解体验当地生活的重要方式，其中部分场景甚至成了著名的网红打卡点。与此同时，极富当地特色的民俗服饰、手工鞋履、饰品配件等丰富多元的特色产品，也成为夜市的核心吸引要素。

1. 购物场景体验化

在夜市里最主要的活动就是购物，但如今，我们的世界正经历一场购物场景的"体验化"，人们开始在体验上花费更多，而非购买实物。

案例链接：曼谷拉差达火车夜市（Train Night Market Ratchada）

曼谷拉差达火车夜市在曼谷众多夜市中极具风格，俯瞰拉差达火车夜市，整体的购物场景五彩斑斓。售卖商品的购物棚顶五光十色，游客可以体验真实浓郁的当地文化。

图片来源：视觉中国授权使用

案例链接：北京朗园vintage艺术夜市

在北京朗园vintage艺术夜市中，除了可以参观艺术展览，还可以在好物走廊里收获好物，或者欣赏"好看的音乐"，品尝比萨、精酿、土豆泥等街头美食，或

---

① 张金花，王茂华. 中国古代夜市研究综述［J］. 河北大学学报（哲学社会科学版），2013（05）：111-118.

者到深夜影院调换情绪。更重要的是，艺术夜市为年轻人提供了新型的线下社交与
娱乐场景，相比千篇一律的商场逛街，到一个艺术市集里约会显然别具趣味[①]。

2.购物内容在地化

夜间集市消费由于其体验性、草根性等特点，商品大多价廉物美。国内外比较成功
的夜间集市一般货品样式丰富，大多集聚了特色服饰、手工艺品、自创品牌等精美、小
巧、价廉的摊店。同时，也不乏主题鲜明的夜间集市，如古玩旧货、艺术藏品、字画藏
品等夜市能满足专项客群的需求。夜市间集里大大小小各式各样的货品应接不暇，有的
或出自手艺精巧的工匠之手，也有的或来自工厂的批量制作，但会吸引许多游客和本地
人夜市寻宝。

案例链接：曼谷考山路夜市

货品样式丰富的曼谷考山路夜市，是泰国
最著名的夜市之一，也是国外背包客的聚集地。
考山路夜市因其特色风情和淳朴热情的民风而
享誉全球。这里聚集了泰国各地颇具特色的特
产杂货，可尽情挑选。

图片来源：视觉中国授权使用

案例链接：景德镇陶溪川

陶溪川坐落于中国瓷器之乡景德镇东郊的凤凰山下。已建成的陶溪川一期——
"陶溪川·CHINA坊"国际陶瓷文化产业园，由原国营宇宙瓷厂改造而来，总建筑
面积8.9万平方米。夜晚的陶溪川创意广场极具活力，与集市景象相得益彰，已成
为景德镇市一道亮丽的风景线。

---

① 反映资本中国.伍德吃托克的艺术夜市这么火，体验消费如何制造 Wow Moment［OL］. www.sohu.com/
a/209861143_355041.

体验场景	➕	购物内容
・陶溪川创意集市； ・红砖建筑特色街区； ・高品质夜景灯光。		・140间陶瓷和手工品牌商店； ・连锁咖啡店、酒吧、酒店、电影院等。

红砖建筑的街区

特色的手工摊位

图片来源：巅峰智业授权使用

（二）疏堵结合严管理

随着夜游经济的迅速发展，各种各样的繁华夜市应运而生，随之也给周边带来了卫生、噪声、治安、交通等环境问题。为了解决夜市对周边居民的干扰，各地管理部门形成了各自的夜市管理经验，但以"疏堵结合"的方式最为有效，同时，在坚持"疏堵结合严管理"的原则下，需要加强夜市交通、环境卫生、商铺风貌及相关服务配套设施的基本管理。

此外，建立夜市大数据平台，汇聚周边的人流、车流、住宿等数据，能够发挥指导进行高峰分流、统筹调度、集中指挥的作用。随着互联网服务的进一步发展与公共服务的针对性跟进，夜游经济将会释放出更多发展与社会红利，营造安全、规范、有序、便民的夜市环境。

案例链接：台湾夜市

我国台湾夜市已有100多年的历史，夜市的繁荣发展有其独特性，多年来以"环保先行"作为夜市的管理理念。自治会是管理夜市的机构，由从业者直接选举产生，负责制定经营规则、管理市场秩序、保持环境卫生，以及维权、安保等工作。[①]

---

① 林竹.台湾夜市文化的繁荣对天津夜市发展的启示及建议［J］.城市，2014（06）.DOI: 10.3969/j.issn.1005–278X.2014.06.011.

卫生环保举措

· 摊商乱扔垃圾，吊销执照或处以高额罚款；

· 安装"油脂截留器"控制油污，以保持夜市干净整洁；

· 禁止使用麦克风叫卖，全面使用环保餐具，设置分类垃圾桶。

交通选址举措

· 利用商业街路段，白天保持正常通行，晚间封路形成夜市；

· 利用停车场，白天保持正常停车，傍晚至凌晨形成夜市；

· 摊位两年一次抽签调换，以保证公平公正。

二、休闲步行街

大多数国际化大都市都有知名休闲步行街，来承担城市形象及文化展示、商贸休闲、旅游观光等功能。步行街在提供基础商业功能的同时往往也打造有独特的主题，从而带动人流量，拉动人气，尤以夜间的人流量更为显著。

据商务部调查数据显示：北京王府井的夜间客流达 100 万人次以上；上海夜间商业销售额占全天的 50%；广州服务业产值中有 55% 来源于夜间经济。步行街的历史文化、综合业态、特色空间等多元功能满足了广大游客的消费需求。

（一）展现城市历史文化底蕴

城市休闲步行街大多为历史文化街区，拥有宝贵的历史文化资源，是城市历史发展的见证，具有较高的社会、经济和文化价值。如今，大多城市都在深度挖掘城市历史地段并依托其进行步行街的开发，让游客在步行街既能体验地方的文化特色又能见证城市的形象。

1. 历史景点是历史文化街区的主要构成要素

很多著名的步行街都保存有一定数量的物质实体，是由有形的游憩设施（如公园、广场、宾馆、餐馆等）及相关建筑设施共同组成的环境空间，涉及原生态物质与人工物质两大类，包括游憩场所、相关服务与基础设施等。[1]

历史文化街区的具体构成要素可分为历史景点、商业店铺和公共服务三块。历史景点由若干相关联的景物所构成[2]，如历史性建筑、构筑物等，它们体现了历史地段的整

---

① 李娜.上海城隍庙与南京夫子庙游憩空间比较研究［D］.华东师范大学，2010.

② 同①。

体风貌，具有相对独立性和完整性，并具有审美特征，是历史文化街区的重要吸引物。

案例链接：上海城隍庙

上海城隍庙集聚了中国传统建筑样式和江南园林特色的庙、园、市，在上海这个"西化"的城市空间中较为特别。

江南园林风格

图片来源：视觉中国授权使用

城隍庙历史景点的空间分布

案例链接：南京夫子庙

南京夫子庙因庙、学、市结合的空间形式，在南京城中独树一帜。

江南园林风格

图片来源：视觉中国授权使用

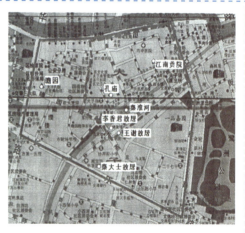

夫子庙历史景点的空间分布

与现代都市建筑、市政设施等城市的外在形象相比，具有深厚文化底蕴的历史景点游憩空间更含蓄，也更能实质性表现城市历史地段的魅力。[①] 如上海城隍庙、南京夫子庙等历史文化街区，以其传统的建筑样式在我国林林总总的历史文化街区中独树一帜。

---

① 李娜.上海城隍庙与南京夫子庙游憩空间比较研究［D］.华东师范大学，2010.

2. 在地文化构筑物是休闲步行街区的形象名片

在街道中设计雕塑小品，挖掘历史文化，呼应建筑符号，使人们行走在街区中能与历史进行对话，最能体现步行街的形象特色。

案例链接：北京前门商业街

前门商业街充分挖掘老北京的文化元素，在建筑设计、配套设施、景观小品中营造京味文化氛围，如鸟笼路灯、鼓形座椅等。

鸟笼路灯

图片来源：视觉中国授权使用

总体来看，具有深厚文化底蕴的休闲步行街（历史文化街区）大多采用"商业为基、历史为线、文化为魂"的发展模式。其中，具有代表性的有北京前门商业街、上海新天地、丹麦斯托里耶步行街、杭州南宋御街、广州北京路商业街等，这些步行街不仅位于城市的中心地段，商业氛围浓郁，而且具有悠久的历史，周边遍布历史景点等。

国内外具有代表性的休闲步行街（历史文化街区）

名称 信息	北京 前门商业街	上海 新天地	丹麦 斯托里耶步行街	杭州 南宋御街	广州 北京路商业街
位置	北京中心区，北起前门箭楼，南到珠市口，东到长巷二条，西至煤市街	位于上海市中心区，临近淮海中路高档消费商业区	丹麦首都哥本哈根市中心，市政厅广场的东侧	位于中山路，杭州商业中心和老城中轴线	位于广州市中心越秀区

续表

名称内容	北京前门商业街	上海新天地商业区	丹麦斯托里耶步行街	杭州南宋御街	广州北京路商业街
面积规模	占地面积75公顷	占地面积52公顷	总长度达3.2千米，是目前世界上最长的步行街	总面积87公顷	总面积21公顷
客流量	日均人流量约10万人次	日均人流量约3万人次	日均人流量约12万人次	日均人流量约7万人次	日均人流量约40万人次
始建年代	始建于永乐十八年，到明末成为日益兴盛的街市	兴起于19世纪60年代，2001年改造完成	1761年形成雏形，1962年成为步行街	始建于南宋年间，于2010年整治	形成于公元前200年左右，两千多年来一直是中心位置
依托资源	故宫、前门等古建筑群	淮海中路商务圈，传统石库门建筑群	趣伏里公园、新港、长岸公园等	西湖风景区、钱学森故居、杭州历史博物馆、鼓楼等	珠江、骑楼、古粤遗址、千年古街等
商业业态	餐饮、商贸、休闲等	零售42%；餐饮38%；休闲娱乐及商服20%	餐厅、咖啡厅、店铺、艺术画廊、百货商店、剧院、博物馆	居、商、游产业结合，餐饮、服装、住宿、夜市等业态较齐全	产业业态结构不合理，档次偏低
开发主体	北京天街置业发展有限公司	香港瑞安集团和上海复兴建设发展有限公司合资开发	政府运营	政府运营	政府运营

资料来源：巅峰智业创新研究院根据公开资料整理。

（二）组合周边综合业态与夜景

休闲步行街的街道比夜市更为规范，比商场更为开敞。一方面，业态更多元、复合，有以休闲风情为主的咖啡厅、酒吧，有以当地老字号为主的特色店铺，有以文化娱乐为主的书店、剧院等，业态丰富且针对不同客群设置。另一方面，在夜景打造上，通过景观塑造对街区风貌的呼应，以及夜景灯光对步行街建筑细节的聚焦、对业态商铺的烘托，增强了每个休闲步行街的独有特色。多元的业态与夜景的融合，吸引了不同层面的游客，扩大了步行街的大众市场。

案例链接：北京前门商业街

综合业态

北京前门商业街的老字号与潮流时尚品牌平分秋色。引进的国际品牌和中华民族品牌、中华老字号并驾齐驱。从而凸显前门大街不再是单一的传统老街，而已演变成一条国际化的多元化商业街。

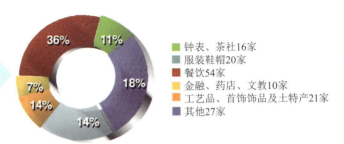

- 钟表、茶社16家
- 服装鞋帽20家
- 餐饮54家
- 金融、药店、文教10家
- 工艺品、首饰饰品及土特产21家
- 其他27家

夜景打造

夜晚通过简洁大气的单色光束将北京坊衬托得更加时尚，热闹的暖色灯光使大栅栏与鲜鱼口更为真实地描述着北京的古老与历史，现代与复古结合的装饰路灯让前门大街更具国际化特色。

大栅栏商业步行街通过发挥多元业态与夜景叠加效应，每日吸引了大批国内外游客前往。

暖色调灯光营造历史感

国际品牌的在地化呈现

图片来源：视觉中国授权使用

（三）营造休闲夜购场景

在休闲步行街的空间结构设计上，要充分考虑消费者的生理、心理和情感等需求，做到以游客为中心，营造出舒适的休闲步行街空间。

1. 商业街空间尺寸处理

商业街的宽高比（街道宽度与街道两侧建筑的高度的比）对游客商业街的空间感受起着决定性作用。在商业街，人的行走路线为"之"字形，很少直线向前，也很少愿意往回走，街道过窄会使游客有压迫感，过宽会导致游客疲劳。合理的街巷宽高比在 1~2 之间。

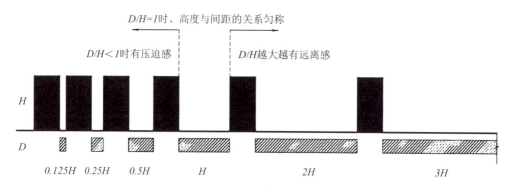

不同的街道宽高比带来的感觉差异

2. 底层边界处理

建筑底层边界区域是人能掌控的区域，任何建筑的底层边界区域都需要被关注，对于商业空间来说尤其重要。开放底层边界能表现出欢迎的态度，使人进入商业空间前就能感受到热闹的氛围。

3. 商业街道路断面处理

若商业街两侧商铺规划高度为两层，而规划道路略宽，为营造舒适的购物氛围，可在道路两侧植入特色的景观小品和休闲设施，以及休闲广场，打造成一个具有独特景观的商业街区。在考虑景观和休闲的基础上，商业街宽度应以 20~30 米为宜，这样可以有效形成空间序列和维度。

商业街两侧景观的处理

案例链接：成都太古里

成都太古里的空间结构设计巧妙合理，采用了低容积的街巷式布局，将购物空间分散在一座座小型独栋与内院中，同时又以连廊进行局部衔接，使得看似分散的空间布局无形中又凝成了一个整体。一家店逛完后出门走几步便是另一家店，室外步行与室内购物两种体验的交叉带来了更为健康趣味的购物感受。

太古里的街巷式布局

图片来源：视觉中国授权使用

太古里的连廊设计

图片来源：图虫网授权使用

太古里街道宽度多在 7~13 米之间，建筑多为两层，因此街道的宽高比 D/H 基本保持在 1~2 之间，形成了十分宜人的尺度关系，换句话来说，走在这样的街道里既不压迫也不空旷。

街道空间宽高比示意

宽高比	观察者视角	视觉及心理感受
$D/H=4$		观察者能看清建筑轮廓的界限。空间感空旷
$D/H=3$		人能观察到建筑群体的全貌，并有充分的距离观察建筑的空间构成
$D/H=2$		人能观察到单体建筑的全貌，空间感开阔
$D/H=1$		人的注意力比较集中，较易注意到建筑细部，空间保持平衡状态
$\frac{1}{2}<D/H<1$		空间较封闭，能看到建筑的下半部，人的视线容易集中到细部，空间感觉比较紧凑，显得繁华热闹

太古里街道舒适的宽高比

图片来源：视觉中国授权使用

三、综合型商场

"夜购"这种既能解决消费者购物需求，又能让消费者升级购物体验的夜游模式逐渐成为一种发展趋势，目前主要依托室内商业街及大型购物中心实现。这些综合型商场为消费者打造全天候、舒适、安全的购物环境，提供 7×24"全时段"安保、温控等服务保障。

（一）延长夜间营业时间，提高夜购消费

城市化水平越高的城市，大众消费需求就越多元，消费时间就越长。所以延长营业时间，准确认知消费者消费习惯，增加相匹配的夜间消费业态，增加消费者的停留时间，将有效提高成交概率。

案例链接：北京世茂广场

MR.X 将娱乐营业延长至凌晨 4 点：

MR.X 是耗资千万元打造的顶级全机械真人版密室逃脱游戏。其将新锐电子科技、物理机械运动、装置艺术、建筑学、天文学、化学等元素植入密室，超越想象力与创造力，机械与影像交织，虚拟与现实完美结合。MR.X 密室打破了传统商场 22 时闭店的规矩，在北京世茂广场·工三营业至凌晨 4 时，午夜销售额与上午时段几乎持平[1]。

艾米电影街满足 24 小时休闲需求：

2015 年 2 月 14 日，"艾米 1895 电影街"正式登陆北京世茂广场·工三。"艾米电影街"共拥有 27 间不同规格主题包厢，上万部正版高清片源，具备 1080P 高清视效、5.1 环绕立体声，并且 24 小时营业，满足了情侣、家庭、朋友等各年龄、各类型顾客的观影需求[1]。

案例链接：泰国 The Street Ratchada 商业街

由泰国商业巨头 TCC 集团斥巨资打造的 The Street Ratchada 商业街，2015 年底正式开业。该商业街不仅将购物中心的建筑结构与夜市常见的街道布局结合，还将餐饮区打造成为 24 小时不打烊的区域，实现了现代购物中心与传统夜市的完美结合。

---

① 购物中心夜经济运营解读：如何牢牢抓住深夜党［OL］. http://down.winshang.com/ghshow–1340.html.

（二）独特灯光设计，营造商场夜购吸引力

购物场所的灯光照明，一方面是购物场所方便消费者夜间购物的必备条件，另一方面其独特的设计也可以成为消费选择夜间购物的重要因素。购物场所室内外灯光照明设计需遵循以下设计原则：

1. 整体协调

照明比例协调
一般而言，购物中心室外灯光照明的亮度、色调、手法等，应与周边建筑物、公共场所等在整体照度上保持协调。

照明效果随建筑材质变化
购物场所的材料、颜色、清洁度、反射能力以及周围环境的照明亮度，会对照度效果产生影响。对于表面光洁、色浅、清洁度好的材料，照度可降低；对于表面粗糙、色深、清洁度不好的材料，照度则需要高一些。

> **案例链接：天津银河购物中心**
>
> 　　天津银河购物中心定位为体验型高级购物中心。购物中心采用"动静结合"的夜色处理方式。"动"是指银河购物中心北立面的水晶体，通透的水晶蓝和中心湖对照形成一体，展现夜色。"静"是指其余所有建筑立面、顶面均为静态灯光效果，采用极简的金色光，表现建筑立面自身的凹凸感及层次感，显示建筑的自身形态特点，并与北面中心湖的水晶蓝照明效果融为一体[①]。
>
>
>
> 图片来源：图虫网授权使用

---

① 购物中心室外夜景照明设计技巧［OL］. http://www.360doc.com.

2. 形式多样

以整体照明、局部照明以及混合照明等形式为主。

整体照明	是一种均匀照明，将灯具均匀布置在购物中心的各个地点，使整个空间光线明亮，照度比较均匀。[①]

局部照明	把光线集中投向照明对象的某一局部，使局部产生动态感。[②]

混合照明	在整体亮化基础上，对重点局部强化照明，使照明对象夜景效果更具层次感和灵动效果。

对于现代购物中心室内外的灯光照明而言，混合照明被广泛采用，即把整体照明与局部照明有机结合起来。

3. 色彩灵活

购物场所室内外的灯光照明色彩，既要整体统一又要丰富鲜艳。通过不同色彩光的运用，达到渲染购物气氛，调节消费者情绪、心理的目的。

4. 装饰兼具

购物场所室内外的灯光设计不仅要考虑整体的协调、多种照明方式的组合以及照明色彩的灵活运用，同时要注重照明设计的装饰功能，通过艺术处理打造各式环境空间，营造主题购物氛围。

> **案例链接：日本那须花园奥特莱斯购物中心**
>
> 购物中心于2015—2016年冬季举行了灯光音乐会，运用大量灯泡等照明设施营造浪漫气氛，吸引了全球游客前往。除了灯光，这里还设置了常年贩卖当地特产的"地方市场"和饲养动物的"农场"，可以说是将夜市的部分精髓巧妙融入其中。

（三）丰富夜间活动，激发消费者购买力

为丰富夜间活动，拉动夜间消费，许多商场在利用定位差异、业态差异、品牌差异打造独有特色的同时，还推出时间差异，即延长营业时间，甚至全天候满足不同需求的

---

① 王帅.购物中心室外夜景照明设计如何确定照明方式和照度［OL］. http://blog.id-china.com.cn/archive/605723.html.

② 同①.

消费者。也有一些商场会在周末及节假日晚间开展特色活动，使之成为商场的一大夜间吸引点。

案例链接：**香港观塘 APM 和上海 APM**

　　香港观塘 APM 商场结合了 am（日）与 pm（夜）的理念，销售对象年轻化，突破一般商场的营业时间，开创了香港首个夜行概念的商场。针对香港年轻人追赶日本潮流的特点，进行符合其客群的深夜业态组合，为顾客提供了一个玩乐不分早晚的潮流汇点。为吸引人气，商场在周末以及所有假日，举办 700 多个小时大大小小的活动。如国际表演、邀请人气歌手到场、节日庆祝活动等。

　　上海 APM 商场也会在 21 点后推出各种文艺表演聚集人气。

阿童木展览

图片来源：视觉中国授权使用

时装秀

图片来源：视觉中国授权使用

（四）完善配套服务体系，保障基础服务

　　为配合夜间经济发展，可开启购物中心的"夜间模式"，需完善配套服务体系，具体措施有：

　　（1）完善 24 小时停车场体系，合理规划确定停车场收费标准；

（2）完善城市公共交通系统，加强夜间运行班次；

（3）完善水电气供给、污水处理、餐饮油烟处理、垃圾分类处理等配套设施；

（4）完善食品安全、治安、消防等配套管理措施和服务功能。

案例链接：迪拜购物中心

迪拜购物中心因其区域面积巨大，所以在内部为消费者提供了全天候的摆渡车，这种免费的摆渡车服务已在全球大量购物中心中使用。

迪拜购物中心内景

图片来源：视觉中国授权使用

案例链接：上海 iapm

iapm 推出晚上停车优惠双倍享活动，在每日晚间 21 时至 24 时，两小时免费泊车只需消费 100 元，而白天则需要消费满 200 元。

CHAPTER EIGHT

第八章 夜娱：越夜越嗨，别样体验

夜娱是夜游经济的主要组成之一，传统的夜间娱乐主要以酒吧、KTV、迪厅、夜总会等产品为主，形式单一、吸引力不足，无法满足旺盛而多元的市场需求。当下，夜娱的产品形式和内容正在不断拓展，一些过去夜晚少有人气的文化类活动场所，如图书馆、博物馆、展览馆、美术馆、动物园、影视厅、体育馆等被开发为夜间的休闲娱乐区域，带给人们不一样的体验；荧光夜跑、电音节、光影运动场、VR乐园等新奇炫酷的娱乐项目也在不断涌现，成为游客追捧的新宠。体验升级、创意精彩，夜娱，让夜不一样。

夜间娱乐对于促进城市经济的发展具有重要意义。随着社会进步和科技发展，越来越多的国家和城市逐步转向科学、合理、统筹地发展夜间娱乐活动。通过传统文化资源夜间娱乐升级、创新科技引入增强夜间体验、品质化夜娱服务激发夜间消费活力等途径，以文化设施旅游化打造精神文化的深夜食堂，以旅游产品夜游化开启传统产品的夜游模式，以夜娱服务品质化激发夜间娱乐的消费活力，丰富创新夜娱产品，提升夜游吸引力。

一、文化设施旅游化，打造精神文化的深夜食堂

创新开发多元化旅游产品，拓展深度化体验方式，推动开放一批具有旅游体验、游憩服务功能的文化服务设施，主要包括知识型场馆、艺术类场馆、科普类场馆及体育类场馆等。

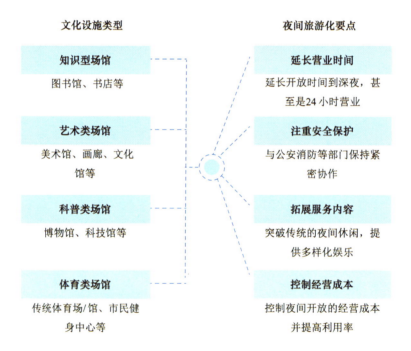

（一）知识型场馆

1. 知识型场馆介绍

现今，由于在线阅读和网购的盛行，使实体图书馆、书店等遭受巨大冲击，门庭冷落。而部分特色化书店、图书馆却异军突起，通过立体的阅读体验的创设，推出夜间阅读等个性化服务，打造了以精品文化传播、文化创意为核心的复合式经营模式，不仅稳住了阵脚，还逆势发展。它们以读者为核心，积极打造人文体验，以多功能、复合型的

公共文化空间，社会化、跨界式的新型管理模式，取得了斐然的业绩和口碑。

2. 知识型场馆案例

纵观全国夜间延长开放时间的知识型场馆，最先引爆的莫过于 24 小时书店。成都第一家 24 小时不打烊书店、深圳中心书城 24 小时书吧及上海市大众书局福州路店等的相继开放，顷刻间引起了社会的广泛关注。

案例链接：成都琦笱 24h 不打烊书店

成都第一家 24 小时不打烊书店，藏在太古里背后义学巷 81 号的位置。当夜幕降临，城市的灯光渐次熄灭，除了通宵达旦的娱乐场所，琦笱书店 24 小时为人们亮起一盏灯，是不眠者的栖息地，是城市人的心灵港湾。

珍藏的书籍、怀旧的物件、免费的阅读区、休憩的房间、可口的饮品、周末主题活动、贴心的店主，这么棒的不打烊书店适合每一个夜读族、夜归人、旅行者、爱看书的人！

老成都风格	**24小时不打烊**	**小小阅读空间**
20世纪80年代的记忆缩影	更具成都人文情怀	透露城市的时代风尚文化

案例链接：深圳中心书城 24 小时书吧、上海大众书局福州路店

2006 年开始经营，2011 年 8 月变"店"为"吧"的深圳中心书城为 24 小时书吧。

2012 年 3 月开始通宵营业的上海市大众书局福州路店，是国内 24 小时书店的先行者。

注重安全保护，控制成本增长	**营造夜读氛围，调整图书品种**	**活动提升人气，服务擦亮品牌**
夜间经营面临的最大压力不是人员投入，而是书店安全。和派出所等外保人员保持紧密沟通，员工在夜间保持较高警惕性是24小时书店经营的要点。	夜读氛围的营造离不开书店对环境的总体设计与细节上的讲究。夜读人群主要是年轻人，两家书店都在图书品种结构上贴合了读者对象。	"深夜真人图书"等丰富多彩的活动则帮助书店进一步留住读者。最终，让读者流连忘返的是书店提供的服务，为读者提供不打烊的心灵栖息地。

（二）艺术类场馆

1. 艺术类场馆介绍

美术馆、画廊、文化馆等艺术类场馆，通过夜间开放，突破了只可白天参观的模式，部分场馆甚至还提供夜宿体验活动。夜间开放的艺术类场馆，为有需求的游客提供夜间公共文化服务，使游客潜移默化地受到艺术的夜间视觉熏陶与文化感染，有利于游客自身精神境界的提高，成为人们夜晚文化休闲的重要场所。

2. 艺术类场馆案例

上海昊美术馆作为首家夜间开放的美术馆，真正体现出了林语堂说的"以一种艺术家的性情，在一种全然悠闲的情绪中，去消遣一个无暇无事的夜晚"。

案例链接：上海昊美术馆

昊美术馆全球首创"夜间美术馆"的对外开放和运营模式，平日对外开放时间为下午1点到夜间10点，周末及节假日开放时间为上午10点至夜间10点[①]。

特色：一般美术馆下午4、5点就会闭馆，出于公众性的考量，昊美术馆实行"夜间美术馆"模式，此举能让更多观众在平日便有机会于工作之余前来美术馆观展，由此成为一家真正意义上的"夜间美术馆"[①]。

设计体量力求"轻落地"	Selling Exhibition 设计展销模式
昊美术馆从外形到内涵，设计语言简约，对室内外空间有着极致的要求，透露出设计者对空间简约低调的设计态度，充分保持着艺术展示空间的纯净性。夜晚美术馆同入口建筑的玻璃幕墙遥相呼应。	昊设计中心结合艺术展示及商业两个模式，以"Selling Exhibition设计展销"为模式，所见即所得，观众能通过预订，将来自世界各地的设计品带进生活，实践设计艺术化，艺术生活化。

（三）科普类场馆

1. 场馆介绍

科普类场馆主要包括博物馆、科技馆等。作为"公共文化机构"，其开放时间与民众工作时间"神同步"，市民上班，场馆上班，市民下班，场馆也下班，多少有些供需不畅之感。因此，近年国内的一些博物馆，开始陆续尝试夜间开放，部分夜间开放的场馆活动参与度甚至超越白天。如2014年北京自然博物馆"暑期夜场秀"，首日2000个名额，在开演前数天就被抢订一空。由此可见，未来科普类场馆夜间开放是大趋势，不仅可以服务公众，还可以提高公共文化资源利用。

2. 场馆案例

作为近年来城市旅行的"爆款"，越来越多的游客更倾向于在下班之后选择夜游博物馆，为了方便游客，部分国内博物馆逐渐延长开放时间，开启夜游模式。2018年国际博物馆日，全国各地多家博物馆延长了开放时间，举办了多种文化活动，方便游客能

---

① 旅行家杂志.逛对了美术馆，谁去都能变好看［OL］.http://chuansong.me/.

一览博物馆夜间风情，为游客提供了优质高效的文化服务，获得了较高口碑。

案例链接：广州博物馆奇妙夜

广州市结合 2018 年国际博物馆日主题"超级连接的博物馆：新方法、新公众"，9 家博物馆联合开展"5·18 国际博物馆日"系列活动——"博物馆奇妙夜"。

图片来源：图虫网授权使用

案例链接：四川博物馆错时延时开放

四川省在全国率先实施了博物馆错时延时开放工作，各博物馆的夏季闭馆时间由原来的 18：00 延长至 20：00~21：00，为社会公众提供了更多更优质的文化产品和服务。

图片来源：视觉中国授权使用

案例链接：上海博物馆之夜主题活动

2018 年国际博物馆日，上海市多家博物馆实行了延时开放，并且举办了丰富多彩的展览活动。上海博物馆联合上海电视台融媒体中心侧耳 SH，开启了"遇见风景——侧耳·上海博物馆之夜"。

图片来源：视觉中国授权使用

（四）体育类场馆

1. 场馆介绍

体育场、体育馆、游泳馆、运动场等体育场馆，作为运动训练、运动竞赛及体育锻炼的专业性场所，其规定的开放时间大多不超过22点。随着人们对休闲健身及娱乐需求的增加，部分体育场馆不仅延长了夜间开放时间，同时延展了体育场馆的功能，如开展体质检测、支持文艺演出活动等，为夜间游乐提供了多样化服务。

2. 场馆案例

夜间开放的体育场馆另有一番景象，北京鸟巢的夜晚灯光秀能震撼你的视觉，青海体育馆夜间多样的服务也正在吸引人们前来，使人们在锻炼身体的同时，能欣赏体育馆夜晚的魅力，享受配套的康体养生定制化服务。

> **案例链接：鸟巢《梦开始的地方》灯光秀**
>
> 2018年，正值北京奥运会成功举办十周年。鸟巢灯光秀主创团队为在纪念和致敬北京奥运十周年的同时，还能让大家体验到科技、文化、体育发展的无穷魅力。2008盏灯光，4台大型投影仪照进鸟巢，配上国内独有的13.1声道的环绕声系统，《梦开始的地方》用诞生、绽放、成长、期待四个篇章带给了游客独一无二的视听感官体验，突破了传统体育馆只举办运动赛事的单一功能限制。

> **案例链接：青海省体育场馆**
>
> 青海省许多大型体育场根据群众需求特点，延长夜间开放时间，拓宽服务内容，充分提高场馆利用率。
>
> 体育场馆不仅为健身者提供场地和器材等，而且"拓展业务"，在夜间延长开放时间的同时提供体育培训、体质监测等多样化服务，提高人们夜间前来体育场馆的积极性和热情。

图片来源：视觉中国授权使用

二、旅游产品夜游化，开启旅游设施的夜游模式

随着旅游体验的不断发展及全天候旅游产品开发理念的不断深入，基于传统旅游产品的夜游产品开发越来越受到重视。夜幕下的独特旅游体验越来越受到游客的青睐，主要包括主题鲜明的动植物园、主题公园、水上夜游及微乐园等。

旅游产品	夜游化
动植物园	**夜景灯光设计带来独特感官体验** 夜晚景区的灯光布置，根据主题带给人不同的情绪感受，或梦幻，或震撼，或浪漫的视觉感官体验。灯光设计，以人工光源为主要媒介的艺术形式带给参观者愉悦的视觉享受和艺术体验。
主题乐园	**情绪体验氛围满足游客获得感** 夜间情绪体验氛围的营造给游客一种身临其境感，能让游客迅速感觉到潜意识中某种情感的迸发与满足。
水上夜游	**沉浸式体验提高游客参与性** 沉浸式体验包括场景营造（贯穿始终的主题氛围）、故事营造（全程调动用户情绪氛围）、角色代入（让用户找到场景中的自己）、互动体验（不知不觉参与其中）等共性，让游客高度参与其中。
微乐园	

（一）动植物园夜游

传统的动植物园以野生动物展示和观赏为主，动植物园的夜间体验，在近距离观察动植物夜间神奇表现的基础上，结合灯光、布景以及夜晚独特的感官体验，去发现自然的美妙与神奇。

新加坡的夜间动物园号称亚洲唯一，也是世界上第一个专门为夜间活动动物而建造的动物园，以声光幻影融合自然之美、当地文化，打造了一个身临其境的魔幻乐园，带来了一个神奇的多媒体动物世界。

案例链接： 新加坡夜间野生动物园

简介： 游客坐着观光车穿梭在野生动物园的每一个角落，整个园内的灯光根据各个动物的习性来搭配，温柔的动物大多采用暖色，冷血动物大多采用冷色灯光，动物园还会在节点处提供动物表演。

特色： 通过对新加坡夜间野生动物园的分析，总结出三个发展要素：

夜游产品的场景设计，必不可少的是布景和灯光

在夜晚最重要的是灯光，园区在路上和树上都对灯光的形式进行了设计，也有的地方呈现出完全漆黑，制造了紧密、神秘的感觉，在明暗间留给人一丝遐想。

夜游产品的情绪体验设计，包括浅度参与和深度互动

浅度参与是指让所有参观景区的人可以看到现场表演，满足休闲生活的体验；深度互动体验可以使得情绪得到更加充分的释放。

 夜游产品的商业氛围设计，融合城市的商业圈

可为景区带来二次消费，让人们在城市的特色餐饮、酒吧、商业街购物消费，并有机会留下来进行体验。

案例链接：新加坡夜间动物园幻光雨林之夜

新加坡夜间动物园的幻光雨林之夜是为纪念新加坡动物园成立45周年，而推出的一个以野生动物园为背景，结合了光影和音效的多媒体夜行体验项目，也是亚洲第一个多媒体夜行体验项目。

特色： 幻光雨林之夜由10个区域组成，秉承每个人都可以在雨林里拥有属于自己的专属角色的理念，游客可以和动物一起玩耍，倾听动物的声音，漫步在灯光打造的雨林中享受炫目的视觉冲击，感受热带雨林与大自然的生命力。

将故事融入景观

幻光雨林全程约1千米，规划了树梢步道、幻光之路、光之木屋、微光岛屿等13个主题。各个主题均用不同的故事去包装景观，引领游客与动物使者邂逅，并在这组怪趣英雄团队的带领下开启一场无与伦比的神奇冒险。

RFID腕带，深入体验

每位游客带上RFID腕带，不同动物有不同的个性和责任，每一种动物由不同颜色的腕带表示，当游客戴上腕带进入活动现场后，腕带将成为参与某些活动的触发器。不同的腕带在活动中将会触发出不同的动物形象。

（二）主题公园夜游

越来越多的消费者已经不再局限于去主题公园玩设备，而是追求玩点儿新鲜的。在主题乐园趋向城市乐园化的今天，乐园不得不推出"夜乐园"，在夜的背景下巧妙运用灯光布景，形成白天、黑夜不一样的情景，带给游客加倍诱惑。VR技术、人机交互技术、人工智能技术、全息投影技术等突破了原有的主题乐园白天的旅游体验局限，带来了夜晚全新的旅游产品和设施设备，带给了游客全新的"科学+"等主题乐园智娱体验。

迪士尼最新打造的《潘多拉：阿凡达世界》，在筛选符合自身个性的元素营造全园氛围的同时，巧妙运用了灯光布景，营造了白天、黑夜不一样的环境氛围。

案例链接：迪士尼《潘多拉：阿凡达世界》

迪士尼耗资 5 亿美元打造了《阿凡达》实体公园。2017 年 5 月 27 日，"潘多拉：阿凡达世界"（Pandora：World of Avatar）主题乐园在美国的奥兰多迪士尼正式迎来第一批访客。

特色： 在这个造价不菲的"潘多拉星"里，有飘浮的山、发光的雨林，甚至还能有"坐"在女精灵的背上飞越峡谷的体验项目。

灯光 + 布景创造情绪体验氛围

阿凡达世界巧妙运用灯光布景等高科技手段呈现色彩缤纷的潘多拉，形成幻境 100% 还原的绚丽场景。

人与人互动增加沉浸感

在阿凡达世界，每个工作人员都和故事有关，他们都很擅长即兴发挥，给游客的体验增加了一层沉浸感。

体验项目连接电影和公园

飞行和乘船体验利用了影片中"阿凡达"的概念，让游客有了在潘多拉星球翱翔的真切快感，保持体验项目的幻象真实度。

（三）水上夜游

水上夜游一般通过乘坐游船，沿着夜晚的水流欣赏两岸灯光璀璨的动人美景以及当地说不尽的人文风情，体验夜游水上的别样魅力。

20 世纪 90 年代末，广州市率先开展了"珠江夜游"水上观光游船项目，引领了我国水上夜游的发展。

案例链接：广州珠江夜游

珠江夜游作为"羊城八景"之一，是广州旅游的一张亮丽名片，一江珠水可读广州上下两千年，百年码头见证现代商都风华荣貌。

特色： 珠江是广州城市 DNA，汇聚了广州的历史、现在与未来，"珠江夜游"

能够将广州夜晚的历史、文化和生态中"最广州"的一面——展现，游船是珠江夜游的重要载体，是珠江"最广州"风情的集中体现。

夜游珠江，欣赏两岸璀璨的美景

图片来源：视觉中国授权使用

夜游新模式，发挥带动作用

"珠江夜游"开创了全新城市水系旅游发展的"珠江模式"，"交、旅、文"融合发展，发挥了旅游产业的带动效应。

珠江游模式

水陆联动，提升夜游吸引

以珠江为纽带，整合沿江旅游资源，一江串百景，使珠江文化景观带与沿江景区集群相结合，形成发展合力。

节点辐射，实现区域联动

以码头、桥梁、景点、景区等为各区域节点抓手，重点打造景观性岸线。放大节点的辐射效应，实现区域全方位联动。

（四）微乐园夜游

随着科技的发展和人们对新型游乐的追求，可以通过科技手段从听觉、视觉、嗅觉、触觉等方面营造一个幻妙炫美的微乐园空间，让观众置身其中体验周围环境的幻变。如日本的花舞森林与未来游乐园、德国的全息投影 Circus Roncalli 马戏团等。

案例链接：日本"花舞森林与未来游乐园"

日本新媒体艺术团体 Teamlab 的"花舞森林与未来游乐园"，共分为"涂鸦自然""彩绘动物""彩绘城镇""小人儿所居住的桌子""串联吧！积木小镇""天才跳房子""远古神灵故事""光球管弦乐团"八个部分。

特色：花舞森林与未来游乐园以其极具想象力的浸入式观展模式征服了世界各地的观众。并且通过跨界、跨领域

图片来源：图虫网授权使用

的合作实现了对艺术、科学、创意以及技术等层面的物理限制和领域界限的超越。

互动数字装置，呈现迷幻世界

作为 Teamlab 的标志性作品，在 Flower Forest，Lost and Immersed 这件装置作品的空间中，花朵会从诞生、生长，到结出花蕾、开花，再到不久后的凋谢、枯萎。若观众停伫不动，他们附近的花朵就

图片来源：图虫网授权使用

会生长得比平时更多，且持续绽放。观众若是触摸或踩踏到花朵，花朵就会凋谢枯萎。

人与艺术的互动，带来自我的思考

艺术家利用多媒体技术与参观者产生互动，模糊了科学与艺术之间的边界。通过科技手段，将观众置于幻妙炫美的空间之中，使人成为作品的一部分，通过互动，让作品因人而动。同时，给人带来对自然、世界、宇宙和自我的思考。

图片来源：图虫网授权使用

案例链接：德国全息投影的 Circus Roncalli 马戏团

Circus Roncalli 马戏团在保持传统动物表演节目不删不减的情况下，巧妙地避开了虐待动物的问题，用全息投影的动物完成了一场又一场的精彩表演。生意不但没有变差，反而越来越火爆了！通过全息投影技术，打造出了逼真的假动物，给观众带来了前所未有的科技表演盛宴。

特色：为了保证全息动物的真实效果，马戏团团队用了 2 年时间来构思全息投影动物表演，并组织了 15 个 3D 图像、媒体相关技术团队来共同打造，同时使用了 11 架双激光投影机、3000 台云端处理器，呈现在观众面前的每一个全息动物的画面，都有着 13751×1920 的超高分辨率。舞台上面的骏马，奔跑在流光溢彩的草原中，凶猛的老虎狮子，穿梭在丛林中，给观众们带来了无穷的乐趣，同时避免了对真实动物的伤害。

三、夜娱服务品质化，激发夜间娱乐的消费活力

文化和旅游产品开启夜游模式，丰富了夜娱的内容。同时也对传统娱乐项目为游客服务提出了更高的要求，服务品质化成为传统娱乐场所发展的必由之路。此外，各类夜间节事活动不仅是目的地夜游形象塑造的重要途径之一，同时可以有效地满足游客的夜游体验需求，激发夜娱消费活力。

（一）传统娱乐场所品质化

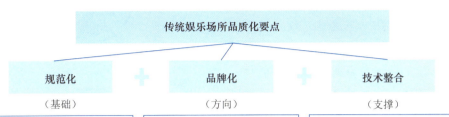

传统娱乐场所品质化要点

规范化	品牌化	技术整合
（基础）	（方向）	（支撑）

- 不断深挖行业文化内涵，调整行业发展方向，发挥传统娱乐场所的文化功能，树立正确价值导向；
- 提供安全有益娱乐，拓展服务形式；
- 开展阳光规范经营，不断提升行业形象；
- 坚守底线红线原则，自觉抵制不良内容。

- 消费群体主要为"80后""90后"；
- 月均收入为5000元至1.5万元；
- 具有互联网消费习惯和社交需求。这也改变了传统娱乐场所的消费方式，实际上对行业服务的模式和内容提出了更高要求。在线上、线下融合发展的过程中，品牌成为竞争的关键。

尽管国民经济发展水平和大众文化娱乐消费需求不断提升，但整个传统娱乐行业的资本化水平目前还处于初级状态，资本市场的表现相对滞后。原因主要在于目前行业中的产品创新相对不足，而产品创新能力的提升，离不开互联网技术和信息化手段的运用。

娱乐场所作为现代城市居民休闲、娱乐的重要载体，娱乐场所品质化成为区域发展的主要动力之一，也是表征居民生活质量水平的显著特征之一。传统娱乐场如夜市、夜店、专场演出、KTV、游艺厅等，是现代人们夜间生活方式的空间承载地。而传统夜间娱乐场所的规范经营、品质升级、服务升级是顺应时代的变化、缩小与顾客的距离、激发夜娱新消费的关键，也是传统夜间娱乐场所从"泛娱"服务走向"智娱"服务的关键。

案例链接：KTV

传统娱乐场所的从业人员大部分都是外来务工人员，文化素质水平偏低，经过上岗培训后在日常的服务过程中比较机械地去完成场所所规定的事情，服务品质不高。

互联网带来传统 KTV 新玩法

在互联网的助力下，KTV 门店有可能实现无人化，同时从软件、硬件到服务更注重互动，增强用户黏性。

图片来源：视觉中国授权使用

传统 KTV 线上、线下融合发展

借助线上 APP 等流量入口，KVT 能汇集有共同消费习惯的人群，再通过大数据资源，分析用户消费记录，能进一步有针对性地拓展网络营销，打造闭合的 O2O 模式，实现线上线下企业的合作，弥补线下 KTV 的短板。[①]

"融合创新"为行业发展注入活力

随着用户休闲时间的增加，只有更时尚、更丰富的文娱活动才能满足社会大众的文娱消费需求。与互联网技术进行深度融合、具备较强的社交属性和"一站式"服务的文娱场所更能得到青睐。积极融合上网服务、游戏游艺、VR体验项目、桌游等新兴线下娱乐业态，能为传统 KTV 带来新吸引点。

图片来源：视觉中国授权使用

（二）夜间节事活动

夜间节事活动是核心内容集中于夜晚，在特定期间内反复举行，强调娱乐性，以展示和传播公共文化或地区传统文化为目的，向本地居民和游客提供脱离日常生活经历的活动。夜间节事活动根据其主要内容可以分为：灯会、烟花节、火把节、冰灯节、灯光艺术节、音乐节、博物馆之夜、文化之夜/夜行、白夜节、啤酒节、狂欢节等。可见，夜间节事活动已成为夜游的重要组成部分，也对旅游目的地的发展具有重要意义。

促进旅游地的夜间经济良性发展

夜间节事活动举办时往往伴随着游客的食、住、行、游、购、娱，旅游者参加每一项夜间节事活动都在进行消费，大量旅游者的聚集能大力促进旅游地夜间经济收入的增长。

---

① 杨君.互联网时代，KTV 如何嬗变［N］.光明日报，2015-08-27.

知识链接：国际著名夜间节事活动

里昂灯光节、赫尔辛基艺术之夜、意大利粉红之夜、新加坡仲夏夜空艺术节等，将艺术活动、色彩打造和灯光装置、交互体验等内容纳入夜间活动中，成为城市独有的旅游吸引物。

图片来源：视觉中国授权使用

推进地方特色表演的传承

夜间节事活动的开展能积极引导旅游企业与地方剧团、演出团体等务实合作，让地方特色的精品戏曲、戏剧、音乐、舞蹈、杂技等演艺项目走出剧院，走向旅游景区、度假区、文创园区、特色村镇等游客集中区域，实现场景化运营，转化为可供游客观赏、体验甚至是参与的大众化旅游产品，让文化与旅游相融相盛，让古典与现代兼容并蓄。

知识链接：国内著名夜间节事活动

广州的国际灯光节、自贡的灯会、上海的国际音乐烟花节以及各地的草莓音乐节等众多夜间节事活动，已成为重要的旅游吸引物和知名旅游品牌。

图片来源：视觉中国授权使用

案例链接：自贡灯会

自贡灯会是具有悠久历史传统的民俗文化，成型于明清时期，是南国灯城的内蕴所在。至 2019 年 3 月，已成功举办 25 届，其中第二十四届自贡国际恐龙灯会开展 42 天，到访游客达 173.8 万人次，有效带动了当地彩灯产业发展。2018 年，自贡市彩灯注册公司达 750 家，年产值 48.5 亿元，自贡彩灯点亮了全球 70 多个国家和地区，国际市场份额达 90% 以上。

特色：自贡灯会具有气势壮观、规模宏大；构思巧妙、制作精巧；造型多样、材质丰富；灯景交融、层次迷离；题材丰富、取材广泛；"形、色、声、光、动"有机结合等艺术特点。

文化元素展现文化自信

把中国文化元素作为创意核心、表现主体，是 2018 年自贡灯会的一大特色。大型组团式彩灯《富贵中华》、大型门廊式彩灯《吉祥龙门》、大型水上组团式彩灯《鼓舞中华》，展示了传统的人文情怀、灿烂的中华文明，增强了我国的文化自信。

图片来源：视觉中国授权使用

工匠精神塑造璀璨灯景

灯会设计与施工是一种时间性要求特别高的节庆性工程。包括美工、纸扎工、电工、焊工、木工、裱敷工等灯会匠人们，往往需顶着严寒或酷暑进行施工作业，每一盏自贡彩灯、每一道工序、每一个细节都要精雕细琢、精益求精。

图片来源：视觉中国授权使用

"形、色、声、光、动"有机结合

自贡灯会在保留彩灯的民族风格、审美情趣和剪纸扎糊技巧的基础上，引进了现代声光电技术，如激光全息片、逻辑集成控制器、光控等，融"形、色、声、光、动"为一体，使古老的彩灯艺术焕发出更璀璨的光芒。

案例链接：理想音乐节

"理想音乐节"作为中国首个互联网音乐节，致力于打造一个充满音乐的温暖的全年龄段的音乐节，为不同年龄段的音乐爱好者提供属于自己的音乐舞台。在"互联网＋"的大趋势下，跨界合作是潮流趋势。

理想音乐节为乐迷提供了更多的观演模式，实现线上线下相结合，并实现线上付费观看，足不出户让你享受音乐的饕餮盛宴。[1]

三大创意主题让传统大不同

·城市理想：针对城市品牌推广，突破传统演出模式的局限，"一个音乐节，一部纪录片"，音乐和影像标记城市符号记忆，成为城市的"文化名片"；

·用音乐看世界：针对旅游景区和自然风光，体现绿色环保概念；

·品牌中国梦：针对企业和品牌，突出贴近大众、真实体验、全方位展示，打造品牌中国梦。[2]

---

①　理想音乐节 12 月 5 日、6 日深圳开唱［OL］.搜狐新闻，http://news.sohu.com.
②　刘家虎.互联网＋时代音乐节的创新策略［J］.新闻前哨，2015（12）.

图片来源：视觉中国授权使用

OXO 模式

OXO 是指"互联网＋音乐节"的商业模式，"X"代表了理想、激情、乘法符号和未知数，理想音乐节就是用"理想"这个概念将线下音乐节和线上互联网相结合。

- 以概念贯穿线上线下，真正做到互动；
- 线上乘线下，让音乐节和周边的价值翻倍；
- 将崭新运营方式植入到互动中，以"未知"的面貌带来更加新鲜的音乐节体验。

五大亮点打造新生活方式

- 国际一线乐队和艺人；
- 舒适的音乐节环境；
- 靠谱的交友平台；
- 不一样的时尚区域；
- 绝对好玩的品牌体验。

这五大亮点让理想音乐节不只有音乐，更有生活方式和场景的浓缩。

图片来源：视觉中国授权使用

案例链接：荧光夜跑

荧光夜跑，被称为"地球上最闪亮的赛跑"。荧光夜跑是参与者利用荧光装备随性装扮，进行无排名之分、无速度之争的运动，是一场结合荧光元素的夜跑。

特色：活动中每隔一段距离设置一个光站，分别为黄色、绿色、红色、蓝色。当选手跑步或步行至光站时，由工作人员及志愿者向参与者涂抹荧光涂料。在终点区，主持人将会带领陆续抵达终点的参赛者做游戏、举办欢乐派对等。

最个性的装扮吸引众多粉丝

到现场参与的人们拿到 T 恤之后，都可以发挥自己的创意，把衣服改变成自己的 Style，大会现场也设置有荧光夜跑装扮区供参与者使用。

高度的互动参与性

人们只要高兴，可以在遇到的任何人脸上涂抹红、黄、绿、蓝等各种颜色的荧光涂料，被涂得越多，越是被尊重的表现，谁身上最五颜六色，谁最受欢迎！

CHAPTER NINE

第九章　夜宿：特色住宿，舒心入眠

夜宿是有效延长夜间消费时间的重要方式，夜宿已不仅仅是单纯的住宿，游客要通过住宿欣赏到风华极致的夜景，通过住宿体验不同类型的主题文化，通过住宿感受当地的风情与文化，通过住宿感受不同住宿类型带来的新奇感受。因此，夜宿需要以升级用户体验感为导向，进行多维度提升创新，全方位品质优化，拓展和延伸夜宿的产业链和价值链。

在夜游呈现井喷式发展的态势下，住宿这一满足基本需求的传统业态是有效延长游客在目的地的停留时间的重要手段，夜宿已成为游客夜间消费的必选项之一。纵观改革开放以来住宿业态的变化，住宿产品经历了四个高速迭代阶段。

第一阶段——供给（1980—2000 年）

特点：无标准，普遍缺乏酒店经营理念。
类型：地方招待所、接待处为主。

第二阶段——产品（2000—2010 年）

特点：星级标准建立，酒店开始集团化运营。
类型：经济型酒店占绝对主导，汉庭、如家、7 天、速 8、宜必思等。

第三阶段——服务（2010—2016 年）

特点：产品高度重复，成本增长与收入降低，盈利空间减少，中端酒店崛起。
类型：全季、亚朵、美豪、维也纳、丽枫等。

第四阶段——体验（2016 年至今）

特点：非标住宿占领市场，酒店跨界品牌合作，无人化、智能化成为新主题。
类型：特色体验化产品诞生，MuJi 酒店、Bvlgar 酒店、网易严选亚朵酒店等。

整体而言，住宿业经历了从最初的基本"供给"到连锁式发展的"产品"和盲目复制的高端"服务"，再到寻找差异化的个性"体验"的发展变化。结合其发展经验，选址借势、找准主题、创新功能和跨界合作成为夜宿发展的几大关键要素。

一、选址借势，实现突破发展

美国现代饭店管理大师斯塔特勒曾经说过："酒店成功的三个根本要素是地点、地点、地点。"毋庸置疑，选址是酒店建设需首要考虑的元素。位置不仅代表了酒店的区位交通条件，更为重要的是地址一旦选定，酒店的自然环境、文化环境、客群市场就已基本框定，这直接影响了酒店的建筑风格、主题特色、产品功能体系等。[①] 因此，酒店在建设初期还无力形成独立旅游吸引力时，可在选址上巧妙借势周边已有的客源基础，

---

① 夏雪.地域文化特征在度假酒店设计中的应用研究［D］.湖南师范大学，2015.

或借势周边高度互补的配套，或借势周边的极致风景。

（一）借势区域高流量

酒店的位置，多选择客流量较大的地区，一般也是城市夜生活的集聚区，比如市中心、市政府附近或步行街、夜市、大型商场周边。大酒店集团往往领先市场先行布局，先发优势明显。以华住酒店分布为例，可以看出在高流量人群聚集区酒店呈密集式分布。

案例链接：华住酒店

门店布局数据分析

《第一财经周刊》，对华住旗下全国 11 个酒店集团的 5869 家经济型酒店及 813 家中档酒店的门店布局进行了分析，发现旗下中档酒店集中分布在城市核心区，如上海的人民广场、静安寺、城隍庙以及陆家嘴，其中陆家嘴区域最为密集。

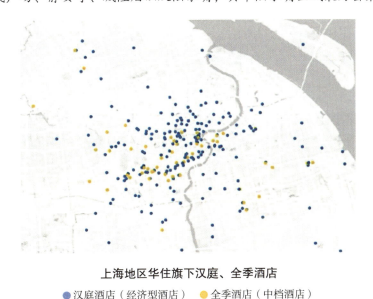

上海地区华住旗下汉庭、全季酒店

●汉庭酒店（经济型酒店）　　●全季酒店（中档酒店）

交通条件也是酒店选址需考虑的重要条件之一，一般以国道、客运站或地铁站附近为上佳条件。尤其是运营时间可延长至深夜的地铁站区域，因地铁覆盖面广、客流量大、便利度高深受酒店企业偏好。地铁分布状况对酒店价格影响极大。

（二）借势周边配套补给

选址的另一个要素是借势周边配套设施，充分利用自身可能整合的各种周边资源，以商业资源共享思维，进行业态组合规划，从游客便利化角度出发，让酒店与周边餐饮、休闲等业态形成有利互补。

案例链接：华住酒店

    CBN Weekly，对酒店较为集中的 22 个中国城市的 11 个酒店集团旗下的 5869 家经济型酒店及 813 家中档酒店的布局进行了对比分析。可以看出：

1   中档酒店所在地理位置的周边商业资源配置数值越高，代表这家酒店周边的商业资源越充足，它所在的商圈地段就越好；

2   下图中蓝色三角形面积越大，代表这个品牌占据了越多的优秀商圈资源，在全国所有城市中其周边商业资源越好。

中档酒店品牌中和颐品牌平均商业地段指数最高，全季品牌开店多

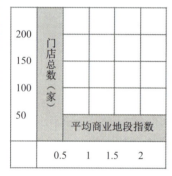
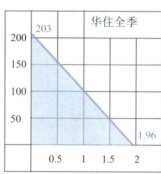
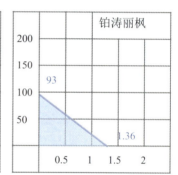
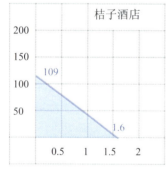
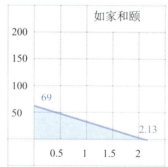
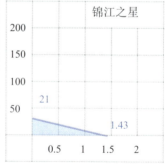

案例链接：北京无印良品酒店

    无印良品酒店北京分店，位于北京天安门广场西南侧，京城新地标——北京坊（中国式生活体验区，北京的城市封面，帝都潮人和文青必打卡之地）。

    北京无印良品酒店的体量小，但整体形态却丰富。一楼为前台、咖啡店和书店等开放空间，作为交流沟通的场所，供住店客人和当地居民自由使用。

·周边配套：与旁边的 page one 书店和星巴克形成有力的网红打卡业态组合。

图片来源：卢丹拍摄

（三）借势极致风景

优渥独特的天然资源也是选址借势的重要因素之一，借助其打造具有极致风景的夜景房，能让游客享受独一无二的住宿体验。

案例链接：坦桑尼亚曼塔度假村水下酒店

曼塔度假村（The Manta Resort）位于坦桑尼亚奔巴岛。其水下酒店于 2013 年 11 月开张，是非洲第一个水下酒店，在距离岸边 250 米远的印度洋里，是一幢漂浮式的三层建筑。

客厅、浴室和观景平台设在海平面之上，卧室则设在距海平面 13 英尺（约 4 米）的水下。住客可通过卧室四周的 8 块落地玻璃窗 360°欣赏珊瑚礁等海底美景，在夜晚的时候，房间四周每个窗口下方的水下射灯亮起会吸引鱿鱼和其他海洋生物，能带给人神奇的观感和真正独特的体验！

图片来源：The Manta Resort 授权使用

二、找准主题，构建核心吸引力

在消费升级背景下，个性化需求增加，主题酒店兴起。建筑风格、内装环境、活动组织、服务细节等一系列主题化内容，需要通过视觉、听觉、味觉、嗅觉、触觉等感官体验传达给游客，全方位诠释主题内涵。主题酒店本质上要提供一种个性化和深度游的体验方式，可根据项目地的特殊性选择或创造不同主题、引入 IP，满足不同人群的需求，做到让游客为一间房赴一座城。[①]

（一）主题选择

确立适合的主题文化是主题酒店的关键，选择与当地环境相协调的文化主题或有一定市场热度的 IP 主题，打造酒店的差异性，是吸引游客选择消费的根本要素之一。主题酒店只有具有鲜明、标签化的自身特色，才能区别于其他酒店，加深游客的体验感和参与性。因此，一个成功的主题酒店必须首先确立其主题文化内涵和独特创意，进而筹备之后的构建工作。

1. 引入成熟 IP

文娱 IP 因其独有的价值符号而具有相应粉丝群体，是自带巨大商业价值的无形资产。一方面，可直接引入具有成熟 IP 的主题酒店作为配套设施存在于主题公园附近，如迪士尼酒店、Club Med 地中海俱乐部等；另一方面，可通过引入文娱成熟 IP 打造特色主题酒店，如获得《阿凡达》授权打造的阿凡达主题酒店，让酒店和 IP 成为有机共同体，爆发出更大的价值，让人们自发地二次传播，大大提高酒店知名度。在众多的 IP 主题酒店中，不乏定位精准、运营成功的案例值得我们学习参考。

---

① 民宿专题研究［OL］. https://wenku.baidu.com/view/b68198e8cc1755270622086e.html.

·项目概况：

（1）逼真的场景：哥斯拉大型塑像在夜间发出光效，惊喜和惊吓并存，远望去似哥斯拉要毁灭地球了。

（2）特色的配套：房间被控制在哥斯拉破壁而出的巨爪之下，在房间里客人还可以观赏 IMAX 哥斯拉电影，度过与哥斯拉共眠的奇妙夜，对粉丝具有十足诱惑力，每年有无数来自世界不同国家的粉丝慕名而来。

图片来源：卢丹拍摄

2. 挖掘在地文化

对于文化历史底蕴厚重、文化资源丰富的旅游目的地，在住宿产品的主题塑造过程中，选择的文化主题要与当地的环境相协调，要在挖掘地域文化历史，结合原有建筑或环境中遗留的传统文化符号的基础上，植入现代文化因子，进而打造与当地环境相协调的特色文化主题酒店，从而满足旅游者对文化体验的向往。比如，上海建业里嘉佩乐酒店，糅合了当地文化，展现了旧上海的昔日风貌；香格里拉的仁安悦榕庄，为游客提供了骑牦牛或骑马进入酒店的服务体验，以及参观农舍、自制酥油茶等"仁安之旅"活动，使游客能真正当一回藏地游牧民族；北京的皇家驿栈，以"皇室生活"为主题，酒店内提供有皇家餐饮、皇家泡浴、皇家歌舞等服务，晚上还有特色的"升宫灯"仪式，可让游客更为真实地了解宫苑内的皇家文化。

案例链接：南京君亭酒店金陵书画院

在地文化：金陵书画院以东晋为时代背景，以王献之书画为主题，糅合了自由挥洒的书画文化。古秦淮，一条飘着书香的历史河，年代久远，文人荟萃，文化底蕴浓厚。酒店糅合了古秦淮文化、茶艺飘香的佛禅文化、祥和艺韵的书画文化，打造了中式雅致的主题。金陵书画院酒店的建筑物本身即是金陵书画院所在地，是书法名家王献之多年修习书法的住所，建筑物为主题酒店提供了天然的文化脉络。

图片来源：视觉中国授权使用

（二）主题打造

在酒店的主题定位上，赋予酒店以某种特色，在尊重的基础上进行历史文化的梳理，不断挖掘和提炼，将文化符号放大，融入酒店的产品和第二空间中，再借由产品彰显文化意蕴。围绕主题开展对酒店细节的设计，通过酒店运营进行主题化延伸，使酒店的产品、服务、环境以及活动等都为主题服务，最终使主题成为易被顾客识别的酒店特征和激发消费行为的刺激物。[1]

1. 酒店设计注重诠释主题元素

在主题酒店的设计过程中，一方面由主题确定建筑形态，如文娱成熟 IP 主题酒店，有城堡型、农场型、丛林型等。另一方面由主题确定内部装饰，如在床品、窗帘、灯具、茶具、座椅、电话、卫生间等细节处注重融入主题元素，构建特色主题文化内涵和主题氛围。[2]

案例链接：杭州法云安缦酒店

建筑设计

最大限度利用古村原貌，保留了古木、石子、溪涧，甚至茶园、菜地，没有围墙，没有汽车。村居以夯土墙和木头为承重结构，白墙灰瓦，是杭州传统民居的代表。充分呼应了酒店的定位——以明清村落和隐士文化为亮点，提供一种恬淡飘逸、随遇而安的生活意境。

---

① 主题酒店策划秘籍：非特主题连锁酒店核心战略解密［OL］. http://wenku.baidu.com.
② 陆平. 主题酒店在内蒙古酒店业的市场分析［J］.赤峰学院学报（自然科学版），2010，26（07）.

<table>
<tr>
<td>氛围营造</td>
<td>当地的佛教文化是法云安缦非常独特的地域性特色，附近有灵隐寺等7座寺院，每天早中晚三个时段都会有僧人在这里走动。区别于其他项目的静态化，融入当地生活场景的活态化，给酒店客人带来了一种独有的生活体验。</td>
</tr>
</table>

图片来源：图虫网授权使用

2. 重视酒店运营的主题化延伸

主题酒店的运营，主要包括客房、餐饮和衍生品。[①]

客房	根据细分市场的不同消费偏好与需求，在酒店主题下，设计针对不同人群的主题房间，如女士房、男士房、情侣房、亲子房、老人房、会议房等，能大大减弱单一主题客源市场面窄的缺点。[①]
餐饮	结合主题开发设计"主题宴"，包括菜系的配置、菜单的设计、餐厅室内装饰、用餐背景音乐及歌舞表演的设计等。
衍生品	衍生品的运营是主题酒店拉长产业链的重要组成部分，能增强主题酒店的内涵与外延，同时促进对外宣传。因此，得当的衍生品开发，能实现主题酒店业及其相关衍生产业的共生共赢。[②]

---

① 陆平．主题酒店在内蒙古酒店业的市场分析［J］．赤峰学院学报（自然科学版），2010，26（07）．
② 酒店管理分析——主题酒店的经营发展［OL］．个人图书馆，http://www.360doc.com.

案例链接：香港迪士尼乐园酒店

位于香港大屿山迪士尼乐园度假区内的迪士尼乐园酒店，主打迪士尼的浪漫梦幻主题，采用维多利亚时代的建筑设计风格，在香港较为罕见。

项目特色：

· 主题住宿：纯白典雅高贵的宫廷风格酒店、非洲大草原风格酒店、好莱坞现代影音风格酒店，三家酒店、三种不同的装修风格满足游客不同的需求。

· 主题活动：酒店内有免费的高飞太极、米奇晚安故事，以及和卡通形象合影等其他艺术活动。沉浸式的体验，增强了迪士尼乐园酒店品牌的市场竞争力。

图片来源：视觉中国授权使用

三、创新功能，完善配套设施

通过激活酒店公共空间，无论是在大堂内增添娱乐设施，还是重新开拓新空间、新产品，酒店已开始用生动、多元的服务，强化游客的入住体验，打造难忘瞬间，形成重要的品牌宣传点，同时提高其附属功能，并实现创收。

（一）配套多样功能设施

配套设施对于提高度假酒店吸引力，丰富住客的度假体验具有不可替代的作用。酒店应首先在满足住客基本消费习惯及需求的前提下，有效利用对游客开放的公共服务空间，围绕酒店功能定位和主题定位，进行功能的完善和娱乐设施的丰富。针对酒店的文化主题，以目标客群的休闲需求为核心，用"情境化"手法将酒店的配套设施，通过"食、住、行、游、娱、购、体、疗、学、悟"等环节全方位兼顾，从而提升游客的满意度，实现酒店从提供基础食宿功能向满足游客定制化需求转变。

1. 服务体验升级

酒店在优化传统基础服务流程，提高服务效率的同时，进行私人定制化发展，满足需求的多样化、差异化。

案例链接：杭州花间堂

文化精品度假酒店花间堂，在"若想更长时间地留住游客，关怀到旅行点点滴滴的全方位功能配置显然更为重要"的经营理念下，对餐饮和美体等基础配置进行了升级。

No1. 餐饮

茴香小酒馆	书烩小厨	书烩小厨·私房菜
以西式的料理手法，运用新鲜的食材，玩转各种创意，这是花间堂旗下的创意料理餐饮品牌，除了能提供全日的餐饮服务外，宴会、自助餐等需求都能在这里满足。	花间堂旗下的中式餐饮品牌，随花间堂落脚每一处，融合当地的物产风土与饮食特色，打造最正宗的本帮菜品。	书烩小厨的品牌分支，只有一张桌子，完全预订式的私厨餐厅品牌。精选当地的特色菜品，享有最私密的用餐空间。也提供厨房出租，可让入住的客人租用。

No2. 美体

草木一村 SPA：花间堂自创的 SPA 品牌，进行服务升级后，除了原有各项 SPA 服务之外，还开设瑜伽空间，接受预约并提供瑜伽课程教学。目前，杭州花间堂的草木一村还与泰国皇家 SPA 进行了合作，引进了正宗的泰式 SPA，带给客人不同的体验。

2. 休闲娱乐升级

酒店在为游客提供多样化服务、多类型休闲及娱乐服务中，除了全景健身房、无边界泳池等热点休闲项目外，有些酒店还引进了迷你高尔夫、阳台温泉泡池、酒店私人沙滩等。比如，美国丹佛的 The Ramble Hotel，在大堂设了一间放映室，展示具有当地特色的电影制作者的工作，华盛顿的 Line DC Hotel 更是别出心裁地在大堂设置了广播电台，客人可以在这里收听音乐、艺术、文化和美食的电台节目，客房内配置了电脑系列服务——包括电脑、电视、高清平板显示器集成一体的服务系统，这里可以提供娱乐、休闲、商务服务，以及高清电视、视频点播、机车票预订等。

（二）构建主客共享空间

共享化服务是共享时代创新思维的体现，从滴滴打车到共享单车，再到共享农庄，共享服务已经普遍推广。当今众多酒店，在打造公共空间时，多秉承服务理念共享化，以开放包容的心态，成就一个不只是服务于游客，同时面向周边居民的空间。在把握好公共空间，满足在店游客基本服务功能的基础上，做到能更好地打造出酒店的延伸功能，使其发挥最大作用。

对居民而言，能进入酒店公共开放空间，体验酒店的设施及服务。对一个酒店来说，公共空间部分是该酒店文化的体现，共享化开放，能让住客和周边居民通过公共空间的环境氛围、整体格局、装修风格领略酒店独有的文化气息和所能反映出的酒店档次，从而树立酒店品牌，放大酒店文化。比如，锦江康铂酒店，酒吧完全对外开放，外面的人可以随时进来喝一杯；7天酒店的24小时便利购也是对周边消费者开放的。

对游客而言：公共空间业态多样化的设置，一方面可保障下榻客人的人身安全和满足其多元化需求，使游客在酒店管辖范围内即可满足其基本住宿诉求；另一方面对周边居民开放，在保障住客安全使用的前提下，对空间诸要素进行合理处理，使主客共享模式成为游客感受当地生活气息的便利途径。

> **案例链接：亚朵"竹居"流动图书馆**
>
> 亚朵开设了中国酒店业首个24小时免费阅读空间"竹居"，空间向酒店客人及周边社区居民免费开放，这里无须消费亦可阅读，相关图书可扫码带走并在任何一家亚朵酒店归还。亚朵的阅读空间"竹居"，已成为商旅人士的流动图书馆，这正符合亚朵的经营理念：想要做的是你人生的第四空间——旅途中的身体心灵休憩之地。

（三）创新科技体验方式

随着科技的快速发展，在讲究"个性""格调"的今天，住宿业迎来了"智时代"，科技体验的方式已经成为构成酒店智能化快速发展的重要途径，从前端智能服务到后台卫生监督，以及体验式扫码出售酒店商品等各方面均有体现。

1. 智能化服务

智能入住体验已经在不少酒店落地，从酒店大堂随处可见的自助check-in、二维码扫码入住等智能单项产品服务，到智能灯控、VR房间全景预览等，智能化服务逐步进入住宿业。

> **案例链接：拉斯维加斯文华东方酒店**
>
> ·创新科技：人型机器人Pepper®。
> ·服务特色：人型机器人Pepper®担任酒店的技术大使。这名新成员主要在酒店的23层天空大堂迎接来往宾客并提供互动娱乐服务，使酒店整体服务更为完善。它不仅是酒店大堂的一个设备，更像是一名特殊的"工作人员"，已经完全融入酒店的团队中。它身高1.2米，有着丰富的动作及手势，可识别出客人的性别、大概

年龄和心情，更可以以自然直观的方式与宾客进行互动，通过检测对方的面部、身体和声音来（提供个性化的交流，它还可为宾客解答与酒店相关的特定问题，提供方向指引）讲故事、跳舞，甚至摆出姿势供宾客拍照。

图片来源：视觉中国授权使用　　　　　　　　图片来源：图虫网授权使用

网络中高频出现的无人酒店已经成为智能化服务创新的产品。"无人酒店"是继"无人超市""无人餐厅"之后，改变人们未来旅行方式的颠覆式创新。在"互联网+"的浪潮下，不少品牌酒店、互联网巨头开始在"住宿+科技"上大胆尝试——无人酒店，试图拓展新蓝海。2018年10月，京东旅行对外正式宣布要做"无界酒店"；同月，阿里宣布首家未来酒店Fly ZooHotel（中文名"菲住布渴"）将于当年年底开业，从预订登记，到入住体验，再到退房环节，全部由机器人提供服务；洲际酒店集团将与百度联合推出由人工智能支持的智慧客房，实现人脸识别技术入住、App开锁退房等，智能化服务在许多中型酒店也将成为现实。中国的科技化旅行体验正在成为世界的时尚。

案例链接："无人酒店"——共享睡眠舱

北京、上海、成都等一些城市的"无人酒店"——共享睡眠舱已开始正式迎客。没有服务员，没有押金，没有额外计费，不用登记身份证，并且24小时营业，开门就能睡！

收费标准：高峰阶段10元/半小时，非高峰阶段6元/半小时，每天最高58元封顶。此外，还有包月的结算方式[1]。目前，收费标准为全国统一价。

使用方法：使用手机微信扫码就可以开启大门。和"共享单车"一模一样的流程，【扫描】—【计时】—【付费】，免费领取床品——太空毯、一次性床单、一次性枕巾和湿纸巾，一旁的电脑屏幕显示睡舱的使用状态。[1]

据介绍，"无人酒店"用10平方米的空间便可打造成6个睡眠舱。不需要服务员，店主只需每天早上换洗被套、枕套即可。

2. 高科技监督

在围绕提高酒店卫生管理效率方面，因地制宜引进合适的智能化系统，使游客利用科技手段检查卫生，解决酒店床单卫生的担忧问题，用科技实现卫生可见。

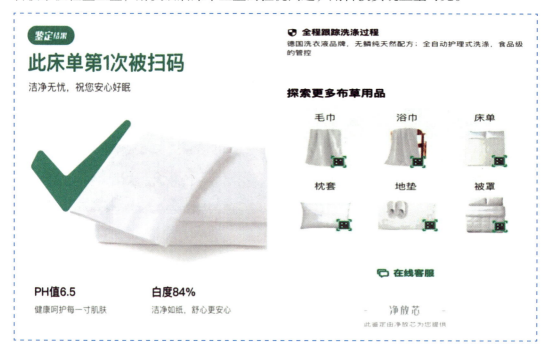

3. 体验式出售

体验式出售是一种新的营销方式，从消费者的感官、情感、思考、行动和关联五个方面系统设计营销方式，以便让消费者在对商品进行全方位的体验后选择购买。亚朵·网易严选酒店和无印良品酒店均采用了体验式营销，用户可以通过入住线下酒店进行体验，然后仅需扫描对应体验产品的二维码，即可实现到酒店商城的购买。能够在游客住宿的同时，进行零售业的拓展，实现盈利双收。

案例链接：亚朵·网易严选酒店

2017 年 8 月，网易严选与亚朵在杭州联合推出"亚朵·网易严选酒店"，布置了若干间"网易严选房"，寝具、洗护及家居等大部分用品均选自网易严选，而酒店的日常运营则由亚朵来负责。一年接待近 15 万人次，80% 的入住者为 25~35 岁的商务人群，客房中的客用品 90% 是网易严选的产品。每个住客如果发现有自己喜欢的商品，不论大小，从床垫、茶壶到洗浴用品、文创产品等，均可直接扫码购买，酒店安排送货到家服务。

---

① "无人酒店"共享睡眠舱迎客：没服务员　开门就能睡［OL］. http：//news.eastday.

（四）丰富娱乐化活动

在旅游住宿中，通过互动参与的娱乐化活动，激活酒店公共空间的体验，同时也达到提高酒店入住率的效果。对于一些游客而言，在实现自玩自乐的同时，更多希望在旅途中结识一些兴趣相投的好友，此时酒店的参与性娱乐化活动便发挥了作用。比如，篝火晚会、BBQ、节庆活动等有带动氛围的娱乐活动，人们可在边玩、边吃、边喝、边跳的愉快氛围中结识朋友。亚朵酒店不定期举办或书或茶或摄影或电影的人文讲座，共同喜好的陌生人在此喝喝咖啡、聊聊天，也许一些奇妙的点子、双赢的合作就此产生。

1. 创新多样式活动

对于夜宿的游客而言，娱乐活动为其带来了更多文化体验的选择，提供了一条体验城市创意文化的捷径，颇受游客欢迎。在这一趋势下，各大酒店都相继推出了丰富的活动玩法。

> **案例链接：纽约皮埃尔泰姬陵酒店**
>
> 　　纽约曼哈顿的皮埃尔泰姬陵酒店推出了系列百老汇歌舞剧，邀请了数位百老汇的专职人员进行表演，每场可容纳 70 位观众。游客通过演出，对这座城市有了更深的了解。

> **案例链接：纳什维尔哈顿酒店**
>
>
>
> 图片来源：视觉中国授权使用
>
> 　　美国田纳西州纳什维尔的哈顿酒店（The Hutton Hotel）重装开业之后，多了一间音乐酒吧。其主要目的就是要把纳什维尔的音乐搬进大堂。据悉，这间音乐酒吧可容纳 300 位旅客。荣获 2017 年格莱美最佳乡村歌手的 Maren Morris 就在此开过小型音乐会，Allen Stone 和 the Shadow Boxers 组合也在此演出过。哈顿酒店便成了纳什维尔当地音乐的对外窗口。

2. 打造标志性活动

有些酒店经过营销推广，塑造了酒店本身的标志性活动，形成了自己的社群，进而开拓了更大的收益空间。

> **案例链接：四川九寨天堂酒店**
>
> 九寨天堂酒店每到入夜都会在万人锅庄广场上演一场大型的游客参与性锅庄聚会，它已发展成为酒店的标志性娱乐活动，成为游客交友结朋的好去处，成为夜晚娱乐的新热点。

> **案例链接：亚朵**
>
> 亚朵会安排每周一场的"红人饭局"，让网络红人、剧中主创、戏剧圈大咖、剧评家、影评家成为你的朋友；也会邀请各种民间剧社进行合作，由剧迷组织、组建社区定期组织一些"小剧场"活动。由亚朵而形成的粉丝社群也在日益丰满。

四、跨界合作，满足个性需求

随着个性化休闲时代的到来，住宿产品进入创意化、精致化发展新阶段，以业态创新、用户体验感和持续经营视角为导向，把客人变成粉丝，多维度创新提升和优化住宿行业，促使住宿产业链和价值链得到拓展和延伸。

在跨界的时代，住宿业也加入大潮。"跨界"酒店品牌成为"新物种"，如 MUJI 和宜家的跨界酒店赚足了关注，知乎和亚朵跨界合作开辟了新的战场，Levi's 和 25Hours Hotel 合作便利了顾客。品牌跨界酒店以其直接触达线下用户的特点以及自带流量话题的属性，快速成为网红 IP 酒店，在展现品牌实体生活场景的同时，极大地拉近了品牌与消费者的距离。目前，主要有以下四类跨界住宿：

（一）电影＋酒店

将电影 IP 融入酒店住宿场景，实现酒店功能突破和消费者体验感提升，为喜爱新鲜事物的消费者创造极致的电影生活体验平台。以电影艺术酒店为例，主打理念就是让顾客直接"住进电影里"，打造大堂即片场、服务员即导演、顾客是主角、走廊即博物馆、房间即造梦空间、会议室是电影院等的"电影殿堂"。

> **案例链接：有戏电影酒店**
>
> 有戏电影酒店，通过探索"酒店＋电影"的跨界融合经营模式，用电影 IP 为传统酒店赋能，形成了独特的差异化优势，打造了特色中高端酒店品牌。为满足年轻消费者多元化需求，提升入住率与盈利能力，有戏电影酒店将每个房间都设计成了私密惬意的私人影院，配备了超大巨幕和 5.1 声道环绕立体声音响，并且提供了

1000 多部高清精选片源。通过精心设计的电影场景房间和氛围灯光，提供了超影院级别的观影服务，让客人沉浸在电影的光与影中，获得难忘的惊喜体验。

图片来源：有戏电影酒店授权使用

（二）艺术 + 酒店

以艺术提升酒店价值，让更多人感受艺术，发掘生活之美。比如柏林的 Art Luise Kunsthotel 艺术酒店，曾被艺术家们称为"可以过夜的画廊"，所有客房都充盈着各个著名艺术家令人惊奇的概念；又比如圣地亚哥的海洋博物馆，让住客登上古老的帆船航旅探索，亲身体验数世纪前的海上生活。

（三）音乐 + 酒店

通过音乐为酒店赋能，为热爱音乐的人们营造一个人文、温暖、有趣的音乐住宿空间，创造一个集聚住宿、社交、娱乐等多种功能的新型酒店业态及开放式社交空间，代表和传达一种新的生活方式和生活态度。

（四）美妆 + 住宿

通过美妆为酒店赋予时尚感，并将自我品牌历史、经典商品和最新推出商品等与时尚软装相结合，为美妆达人和品牌爱好者营造了一个时尚、有趣的住宿体验空间，不仅可以满足住宿、娱乐等需求，更为游客打造了沉浸式美妆体验。

第三篇

优术

优术，实效也。既明道，则重术行。本篇着重论述夜游的具体实践案例，力求为夜游经济的知行合一、科学实操提供有效支撑。

国外夜游发展较早，有很多成熟和成功的案例可以借鉴和参考，比如内容丰富、创意十足的里昂灯光节和悉尼灯光节，再比如以精彩体验活动取胜的首尔贞洞夜行等。国外夜游不少是以节事活动为引爆，吸引世界各地游客慕名而来，从而拉动"食、住、行、游、购、娱"等各方面消费，可以说是以夜游为引领实现了城市经济或区域经济的综合发展和长效发展。而国内的夜游多依托于城市的休闲集聚形成夜游集聚区，比如上海的外滩、重庆的洪崖洞、成都的锦里、桂林的两江四湖等，都集中了多元的消费业态。无论国外还是国内，前沿的发展模式和案例都是值得学习的，本篇也希望通过对具体实操案例的解读，为夜游经济的规划设计、产品开发以及经营管理带来一定的启示。

巅峰智业在此方面积极践行。2015年，巅峰智业创始人、华侨城旅游投资管理有限公司董事长刘锋博士在咸宁市旅游规划中明确提出打造"中国月光城"；2016年，在满洲里全域旅游规划项目中首次提出了"六夜"的概念，即做好夜景、夜演、夜宴、夜购、夜娱、夜宿六个方面；同时联合业界翘楚，率先推出适用于夜游体系的网红空间秀和巅峰震撼系列的光影剧产品，并在各大城市、景区、乡村落地运营。

CHAPTER TEN

第十章　夜游经济国内外案例

　　夜游经济并非新生事物，在国外已经有成熟的案例经验，通过对其进行深入研究、总结和提炼，能够为国内夜游经济发展提供借鉴。国内夜游经济也涌现了一批代表，他们在夜游发展的道路上先试先行，也积累了一些在地化的发展经验。本章通过对国内外案例的详细分析，总结成熟经验，阐释"六夜"理论，明晰发展要点和实操路径。

一、国外经典案例

（一）法国里昂灯光节

1. 项目概况

图片来源：雷布奎拍摄

项目团队： 智慧旅游中心（美景）。

简介： 法国里昂灯光节是世界三大灯光节之一，起源于 1852 年，当时在社会动荡、洪水泛滥和城市激进的背景下，政府决定在 Fourvière 山上重塑圣母玛利亚的雕像，并定于 9 月 8 日揭幕。但洪水袭来，活动不得不推迟到 12 月 8 日，又因当日突降暴雨，再次放弃揭幕仪式。但夜幕降临时，天气有所改善，里昂人民自发地将点燃的蜡烛放在窗台和阳台上，以庆祝圣母玛利亚雕像重塑。这样，城市被照亮了，灯光改变了建筑物的本貌。[①] 为了纪念这一事件，12 月 8 日就正式被定为"灯光节"。后来，最初的烛光发展成现代的灯光艺术展示，吸引了世界各地的游客来到里昂观赏灯光节。

时间： 每年 12 月 8 日开始，一般持续 4 天。每晚 8 点开始，12 点结束。

地点： 富维耶圣母院、沃土广场等。

创意来源： 灯光节主办方邀请灯光规划师、艺术家、建筑师等专业人士，根据里昂不同的建筑、地貌以及道路等进行创意设计，每年设计师的创作主题主要涵盖了历史文化、娱乐体验、节能环保、灯光科技、社会公益等。

---

① 法国里昂灯光节官网，https://www.fetedeslumieres.lyon.fr.

2. 主办单位

法国里昂灯光节由里昂市政府主办。

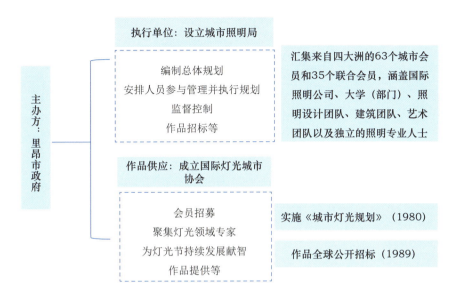

3. 投资概况

以 2014 年为例，投资额为 200 万欧元，其中政府投资占比 50%，企业（照明厂商、品牌赞助商）、非营利机构、研究所等承担余下 50%。[①]

4. 盈利模式

采取"灯招客、客促商、商养灯"的盈利模式，政府不直接收取门票。

· 2014年灯光节期间客流达400万
  人次（里昂平时人口约20万）。
· 餐饮消费额可达平日4倍[②]。
· 住宿、餐饮、交通及所有相关行业
  的税收间接受益大于直接受益。

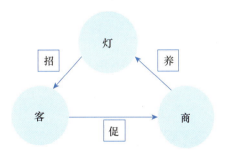

5. 项目形式

采取"灯光节＋论坛＋推介会＋其他活动"的形式，多种类型体验相结合，形成引爆效应。

---

① 法国里昂灯光节官网，https：//www.fetedeslumieres.lyon.fr.
② 市场有需求有规律 不应人为阻断灯光节经济［OL］.第一财经，https：//www.yicai.com. 20150122.

旅游节庆	灯光节论坛	摄影比赛	作品比赛
推介会	慈善活动	周边售卖	

文化推介：邀请外国记者团前来参观，借此机会"打包"推介里昂最新的文化活动、旅游发展、城市规划等。在灯光节期间让游客尽情领略里昂的风光和美食，感受文化氛围和经济活力。	**慈善活动**：每年里昂灯光节开幕当晚都会由一个慈善机构来组织"烛光游行活动"，游客可在指定的网站、地点购买一支2欧元的蜡烛参与点灯活动，所有的募款将捐献给该慈善机构。	**产品售卖**：在里昂灯光节官网上设"SHOP"（商店）的链接，在上面可以买到灯光节的一些周边产品，比如杯子、T恤、玩偶等。

6. 场地选择

灯光节作品遍布全城，但会比较集中于滨水景观、城市广场、街区、地标建筑等场地。

滨水景观

图片来源：雷布奎拍摄

城市广场

图片来源：雷布奎拍摄

街区

图片来源：王丹青拍摄

地标建筑节点

图片来源：王丹青拍摄

7. 历年特色

里昂灯光节每年以独具特色的代表作演绎不同的主题，精彩非凡，其中的创意、互动是每年灯光节最大的看点。

2009 年　采用互动式游戏装置艺术

代表作：法国 AADN 艺术团体《站着的人》

《站着的人》由 16 个等大仿真人的荧光模特构成，它们对所处的空间进行探索，并将空间纳入自己的反应范围。在观众从它们身边经过并与它们接触时，它们会亮起来，会说话，会发生颜色的变化。观众不仅仅是旁观者，也可以触摸它们，并与这些会发光的仿真人进行一场触摸式互动。此作品曾于 2013 年在中国（北京、武汉、上海、广州）展出。

2010 年　采用互动式地面投影技术

代表作：法国视觉艺术家 Matthieu Tercieux 的《你在这里》

2010 年，视觉艺术家 Matthieu Tercieux 设计了《你在这里》（*You Are Here*）。这个作品是互动的地面投影，人们可以跟随灯光指示看到地面上的动画投影并与之互动，2011 年也继续展出了这件作品。

2011 年　采用发光创意装置

代表作：法国艺术家雅克·里瓦尔的《我爱云》、英国设计师保罗·考克塞兹的《阵风》

法国艺术家雅克·里瓦尔（Jacques Rival）打造了发光气球装置《我爱云》（*I Love Clouds*），这些发光的气球像是要把里昂沃土广场上的路易十四骑马雕像带向天空。[①] 2011 年颇受欢迎的另一件作品是英国设计师保罗·考克塞兹（Paul Cocksedge）的《阵风》（*Bourrasque*），200 张发光的"纸"从市政厅的建筑内向庭院空中飞去，仿佛被风吹走的档案文件。

2012 年　采用游客互动创意装置

代表作：《奇幻魔方》《浮灯》

里昂市政厅前的《奇幻魔方》装置，包含三排自行车，观众骑在自行车上蹬踏，会产生"人力发电"效果，随着观众的不断蹬踏，灯会越来越亮，会出

---

① 周娴. 艺术点亮城市——欧洲著名灯光节［J］. 公共艺术，2016（2）：24–39.

现"短路"效果，喷出焰火。设计师 Travesias de luz 设计的互动装置《浮灯》（*Floating Lights*）由 200 个救生圈灯光装置组成，每个装置的中心有一个转换开关，人们可以通过它来点亮或熄灭灯光①。此作品千变万化，既可以拼成文字也可以拼成图案。

2013 年　3D 与隧道结合

代表作:《变体》

在原本只有车行道的隧道里建了一条人行通道，海伦·理查德（Helene Richard）和让·米歇尔·凯纳（Jean-Michel Quesne）利用 3D 灯光投影将作品《变体》（*Anamorphosis*）隧道打造成梦幻空间①。此作品每年都会出现在里昂灯光节上，但图案有所变化。此外，2013 年里昂灯光节首次出现"中国角"主题展区（位于金头公园），为本次灯光节增添了一丝中国色彩。

2014 年　更加突出多元化主题

代表作:《夜之梦》《灯光老虎机》《光之巨人》

图片来源：图虫网授权使用

《夜之梦》为纪念《小王子》作者安托万·德·圣·埃克苏佩里逝世 70 周年所做，每隔 30 分钟轮回播放一次。《灯光老虎机》是投影于 Saint-paul 火车站的互动灯光游戏，在游戏过程中，每人有三次机会，若能摇中 6 个完全一样的图案，车站外的灯光老虎机投影将会出现壮观的灯光动画特效。《光之巨人》中的灯光木偶巨人"Dundu"（德语为"你和你"的谐音）会以不同的形式存在于不同的街区，包括可以与孩子们进行互动的"小巨人"形式。

---

① 周娴. 艺术点亮城市——欧洲著名灯光节［J］. 公共艺术，2016（2）：24-39.

2015 年　以灯光方式哀悼遇难者

代表作:《凝视》

2015 年的里昂灯光艺术节因巴黎遭受恐怖袭击而停办。为表示对巴黎恐怖袭击遇难者的哀悼,主办方在索恩河畔的建筑上展示了达·芬奇、马蒂斯、波提切利等 80 位艺术大师画中的人物眼部特写以及在恐怖袭击中 130 个遇难者的名字。

2016 年　灯光与音效结合

代表作:《星星之泉》《雪天里的钢琴》

《星星之泉》运用灯光与音效的结合,展现古往今来的各种艺术表现形式,犹如一个流动的博物馆,通过十幅高清彩画,纪念屹立在沃土广场喷泉上的四位重要的里昂艺术家——Audran,Coustou,Delorme,et Flandrin。《雪天里的钢琴》是一场由灯光主导的金属钢琴家音乐会,音乐、灯光、植物以及石头,在设计师与艺术家的手里融为一体,将人从真实的世界带入想象的空间。

2017 年　展现童趣元素

代表作: *La Pêche Aux Gouttes*

2017 年,里昂灯光节突出了灯光艺术和电子游戏的结合,两个小朋友跟随灯光,进行冒险游戏,试图找到游戏的出口,仿佛在巨型屏幕上玩电子游戏。*La Pêche Aux Gouttes* 是以渔民为造型的灯光雕塑,静坐的渔民们手中拿着吊灯,宁静又富有诗意。

(二)悉尼灯光节

1.项目概况

简介:悉尼灯光节(Vivid Sydney)是世界三大灯光节之一,源于 2009 年,是由照明设计师 Mary-Anne Kyriakou 策划、Brian Eno 主持的智能灯展(Smart Light Festival)。悉尼灯光节至今已成功举办十届,成为世界上最具规模的灯光、音乐和创意节日之一。灯光节上的每一件作品都是世界各地艺术家集思广益的产物,由灯影雕塑、多媒体互动作品和建筑物投影组成。从灯光装置到 3D Mapping,从视听艺术到互动体验感,使悉尼灯光节成为世界各地艺术家参考学习的典范,每年吸引大量的世界各地游客前来观赏,被人们誉为一生必去一次的灯光节。

---

① 周娴.艺术点亮城市——欧洲著名灯光节[J].公共艺术,2016(2):24-39.

悉尼海港大桥

图片来源：视觉中国授权使用

时间： 每年 5—6 月中的三周。

地点： 悉尼歌剧院、悉尼海港大桥以及悉尼中央商务区等。

2. 项目形式

采取"灯光艺术＋音乐表演＋论坛＋展会"的形式，多种类型体验相结合。

3. 场地选择

以地标建筑、滨水景观、城市广场、景区景点等为主。

地标建筑	景区景点

悉尼歌剧院	**悉尼皇家植物园**
图片来源：与光共舞灯光艺术授权使用	图片来源：图虫网授权使用

滨水景观

达令港

图片来源：图虫网授权使用

4. 项目亮点

利用地标建筑投影构建品牌影响力

　　灯光作品通过投影技术，将各种地标及建筑物打造成亮点，比如投影在悉尼歌剧院、悉尼海港大桥以及悉尼中央商务区等地标及建筑物上，将其变成一幅幅户外夜间艺术画布。

悉尼歌剧院超级灯光秀： 悉尼歌剧院是当代艺术与现代科技结合的产物，每年灯光节期间，最吸引眼球的便是投影在悉尼歌剧院外表的超级灯光秀，让灯光节迅速得到传播，短短几年就让悉尼灯光节享誉全球。

图片来源：图虫网授权使用

充满科技感的情人港： 通过高 40 米、宽 60 米的巨型水幕，借助 12 台抽水机并以每分钟 28 吨的水量自下而上高速喷出，运用水力学、光学、声学等多种科学原理，集合激光、喷泉、音乐、烟火等于一体，打造立体动感传播媒介。2018 年增加了新玩法：将人脸投影于水幕上，运用最新科技"扫描"面部，并能实现自动上妆。

设置多媒体互动作品增强游客体验

设置不同灯光带或灯光小品等，当游客靠近时通过变换色彩、改变形状、播放音乐等形式提升互动体验。

悉尼皇家植物园夜光道路： 当你沿着人影互动的光影曲径，会产生不同的灯光体验效果，仿佛在创造属于自己的 DIY 秀。

泡泡与魔法师（Bubble Magician）： 由数百个被支撑在空中的淡粉色泡泡构成，在其前方互动处轻吹一口气，泡泡将由近及远逐一亮起。这件作品由与光共舞艺术家刘洋和杨璐设计，并展出于 2019 年悉尼灯光节。通过泡泡的逐一亮起和不断鼓动的音效，让每个参与者都能获得成为魔法师的体验。

图片来源：与光共舞灯光艺术授权使用

点亮千纸鹤： 当人走到纸鹤下方，悬挂着的纸鹤会被自动点亮，人越来越多，纸鹤会被越多点亮，直至千纸鹤全部被点亮。

图片来源：图虫网授权使用

Under My Umbrella： 这是一个特殊的室内展览，白色雨伞悬挂于屋顶，随着人们的走动，雨伞下的 LED 灯会根据不同的情况变化亮度，随之走廊的灯光也会亮起，让人宛如身处银河。

图片来源：图虫网授权使用

弹簧木马：本身是一只孤零零的木马，当你坐上去时，四周的光圈就会亮起来，像进入了童话故事中。

向日葵路灯：它们都装有太阳能，可以在晚上发亮。巨大的向日葵还会向游客点头致意、转动方向等。

被困住的门：以假乱真的 3D 投影"被困住的门"，让你亲身感受地面裂开，站在悬崖边的惊险场景。

思想之光：由 257 个功能各异的透明立方体像素组成"大脑"，左脑代表概念与逻辑，右脑代表想象与创造。参观者可通过指定手势与"大脑"进行互动。

借助主题灯影雕塑传递环保理念

设置不同灯光带或灯光小品等，当游客靠近时通过变换色彩、改变形状、播放音乐等形式提升互动体验。

新西兰国鸟几维鸟：截至 2016 年，生活在保护区的几维鸟仅有 4500 只，其余在野生状态下的几维鸟正以每天 11 只、每年 6% 的速度递减。[1]图中的鸟是属于几维鸟品种的一种，叫作 Rowi。Rowi 和她的宝宝会随着情绪变化而闪烁，当它们察觉有危险时，灯光就会暗下来。艺术家想通过美丽的几维鸟来呼吁大家保护环境。

塔龙加动物园"野生动物之光"：超过 100 名艺术家、动画师、音乐家、技术人员、电气工程师和照明设计师共同工作超过 3376 小时，设计了 219 个灯光雕塑，以保护野生动物为视角，通过数码光影 3D 技术，打造前所未有的新体验。为大家展示来自海洋、丛林和森林栖息地的一些令人惊艳但濒危的野生动物。

配合业态创意亮化提升消费体验

在烧烤店、小吃店、餐厅等区域设置特色灯光亮化，突出餐饮特色，不仅美化游客用餐环境，同时增加吸引力。

---

[1]　新西兰人与几维鸟［OL］．http：//newzealand.xdf.cn.

> **绚烂极光餐厅:** 这是一个极具魔性的创意, 如幽灵般的纱帘和丝带飘浮在半空, 展现出极光的效果。更赞的是, 场景内还设置了用餐区, 大家可以在这绚烂的"极光"下和伙伴一起享受美食。

> **灯光夜市亮化:** 经过几个月的收集, 用数百件回收物做成了充满活力的照明系统, 形成了灯光夜市。在夜市上, 不仅可以看到五颜六色的彩灯, 还可以品尝世界各地的美食, 满足你的味蕾。

5. 项目收益

观灯免费, 但却刺激住宿、娱乐会议、购物等相关行业收入增长, 并拉动税收收入增加。

仅在悉尼歌剧院举行的音乐会和各类会议的门票销售量就已达到了每年4万多张, 收入200余万澳元。 **门票**

购物 以年中促销, 或是以换季甩卖为由进行打折销售, 时间恰好跨越整个灯光音乐节活动期间。来自海内外的游客消费有效刺激了零售业的发展。

6. 营销措施

通过智能技术应用、新媒体营销、软文推广、旅行社渠道合作等营销措施, 多元并举攻克海内外市场, 2017 年悉尼灯光节吸引中国游客 2.3 万人次, 占国际总游客量的35%。

(三)首尔贞洞夜行 [①]

1. 项目概况

简介: 贞洞位于韩国首尔中区, 有朝鲜时代国王居住的德寿宫以及多个近代文化建筑。贞洞各个角落都流淌着古色古香的文化遗产。贞洞夜行是韩国首尔中区厅主办、韩国旅游发展局等承办的庆典活动, 旨在展现贞洞的历史文化, 鼓励大家于熟悉之处发现别样的魅力。首届"贞洞夜行"活动于 2015 年 5 月末举办, 使得德寿宫客流量达到平日的 10 倍, 因此, 中区决定每年定期举办该活动, 以六夜(夜景、夜路、夜史、夜画、夜食、夜说)为主题, 通过举办多种形式的公演及体验活动、沿路各类街头表演, 联动德寿宫、梨花博物馆等周边 30 余座文化场馆, 形成韩国首尔中区首个夜行庆典活动, 成为展示韩国首尔中区历史、体验韩国传统文化的窗口, 吸引大量国内外游客前赴游玩。

---

① http://jeongdong-culturenight.kr/ko/.

时间：每年5月和10月各举办一届，一般持续两天。

地点：首尔中区贞洞一带。

2. 项目形式

囊括夜景、夜路、夜史、夜画、夜食、夜说6个主题，形成"音乐会 + 文化讲座 + 艺术展览 + 研学课堂 + 街头艺术 + 徒步夜行"多种类型体验相结合的模式。

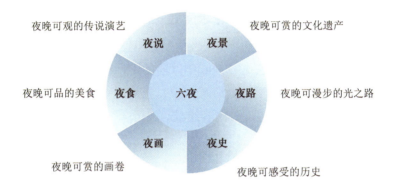

3. 项目亮点

（1）通过多形式文化展演活动引爆人气

以音乐演出、文化讲座、艺术展览等多种形式的活动吸引各文化领域的受众团体，从而形成多方协同效应，提升文化节人气。

音乐会

- **德寿宫音乐会，**被誉为"贞洞夜行招牌"，2018年聚集了众多传统乐、现代流行乐的音乐演奏家和歌唱家，使人们能够感受最纯正的音乐，并获得美妙的共鸣体验。
- **河琳与蓝骆驼合奏团的民族流行音乐会，**使用各种吉卜赛风民俗乐器，通过独特的演奏方式，俘获听众的感官。

文化讲座

由创作韩国首部百万销量书籍《人间市场》的作家金洪信进行人文学特讲，通过人生中应该思考的问题，向深受物质欲望影响或因无法像别人那样生活而感到痛苦的现代人讲述人生的真正意义；著名教授徐敬德进行民族文化特讲，通过简单而有趣的话语围绕"伟大的遗产，我们的自豪"这一主题进行。

街头艺术

"贞洞野人"近代服饰游行以及常设街头表演，同时综合绘画、音乐等多种形式展现街头艺术。

艺术展览

"韩国女性教育史"展览会，由 1886 年以前的女性教育实态、梨花学堂和女性教育的开端、日本侵占时期女学生的活跃面貌、光复后平等教育的开始和女性的光辉成长，以及女性教育的未来等部分内容组成。

（2）通过研学课堂和非遗体验增强互动

以石墙路"贞洞学堂"的历史体验和试穿朝鲜族服装体验为主要文化体验项目，可沿着德寿宫石墙路感受历史文化的魅力，享受个人的时间旅行。

"贞洞学堂"学习体验

在德寿宫开设的"贞洞学堂"，花费 3000~8000 韩元（18~50 元人民币），就能体验包括刺绣课"绣李花"、天文课"星连星"、历史课"学习过去"、作文课"一年后接收的信件"、算数课"数花瓣"、地理课"掌握世界"等在内的课程，并有资格体验学堂毕业典礼仪式。

朝鲜族服装试穿

贞洞夜行设置试穿朝鲜族服装体验项目，有各式各样的朝鲜族服装可以租赁，着一身朝鲜族服装走在夜晚的德寿宫石墙路，可恣意享受贞洞夜行的乐趣，感受浓郁浪漫的文化历史氛围。

（3）通过游行线路串联周边业态提升消费

除了特定的文化演出和体验项目，游客在自主游行线路中也能与周围地标与设施进行互动，享受更丰富多样的游玩体验，从而带动周边的协同发展。

设置 23 个夜行线路打卡点

　　在贞洞沿线开放的德寿宫、首尔市立美术馆、首尔历史博物馆、图书馆等 23 个文化场馆设置打卡点，发放"贞洞夜行旅行手册"，游客探访 7 个以上打卡点，并在打卡点获取相应的邮戳时，便可得到纪念证书（艺术书法明信片）。

领取图章册	访问相关设施	盖戳	领取图章纪念证书
综合咨询处及开放设施（23处）	23处	23处	培材学堂历史博物馆，首尔历史博物馆，圣工会首尔主教座圣堂，救世军历史博物馆

延长文化场馆营业时间

　　活动期间，各类文化场馆设施均延长了营业时间，设立于 1925 年的圣公会圣家修女院的庭院开放 2 小时；德寿宫石造殿的夜间开放时间由晚上 6 时延长至 8 时；贞洞剧场、培材学堂历史博物馆、法兰齐斯科教育会馆等设施的开放时间也延长至晚上 10 时。

设置专属优惠，提升联动消费

　　贞洞夜行串联的文化场馆设施还提供了专属优惠，如持贞洞夜行手册购买贞洞剧场门票时 S 席享 5 折优惠；在活动期间持贞洞夜行手册的前 50 名可享受 Kyunghyang 艺术厅门票价 1 万韩元的优惠。

配备专业讲解，进行深度体验

　　贞洞夜行，可在贞洞夜行网预先申请或当场申请参与，90 分钟时间，与贞洞讲解员一起徒步考察贞洞剧场、德寿宫崇明殿、贞洞第一教堂等有历史、文化价值的名胜，了解和感受那些灿烂的瞬间和令人痛心的历史。

增设美食夜市，丰富游客消费

在晚上 11 时之前，在德寿宫石墙路或贞洞街道，游客在游玩疲累之时可以享受半夜吃夜宵的美妙瞬间。

由于 2018 年 5 月期活动出现游客低潮，因此首尔中区厅决定同年 10 月期活动停办。但民众对活动举办意愿强烈，不久后，由韩国民间各界人士组成的地域协会宣布接手贞洞夜行承办工作，原计划于 2019 年 10 月恢复，同时改为一年一度。

贞洞夜行活动围绕"多形式文化体验"展开。一方面通过联动周边文化场馆，开设研学课堂，有效盘活传统文化资源和促进文化场馆的再利用；另一方面，丰富多彩的文化体验活动提高了游客的"参与感"，使游客与夜游目的地产生了更多联系，而不再是"人景分离"，同时有效带动了周边相关业态的发展和创收。对于我国夜游区的发展与管理、夜游相关节事活动的组织与开展具有借鉴意义。

二、国内探索实例

（一）广州"花城广场 – 广州塔"夜游街区

图片来源：视觉中国授权使用

简介："花城广场 – 广州塔"夜游街区作为广州 CBD 核心区域，是广州的"城市客厅"。2010 年以来，该街区依托周边地标建筑群的极致亮化构筑城市夜景，以国际灯光节及多种形式的时尚科技展演吸引游客纷至沓来，带动周边业态蓬勃发展。世界奢华酒店品牌、时尚艺术购物中心纷纷入驻，以及高空娱乐、观景餐饮、夜游珠江等多元业态的组合，丰富了游客的消费和体验，使得该片区成为国内夜游经济发展的先导区，也成为广州旅游的亮丽名片。

区位："花城广场 – 广州塔"夜游街区位于广州市珠江新城核心节点，以花城广场为核心，南至珠江对岸广州塔，北至黄埔大道。

1. 以周边地标建筑群的极致亮化构筑城市夜景

错落有致的建筑群是"花城广场 – 广州塔"发展夜游经济的重要空间呈现载体，以精品化打造的地标建筑为重点，配合植物和水体等亮化景观，整体呈现出纵深有序、空间立体的时尚都市夜景。

（1）空间立体化呈现

高低错落建筑群构成基底

以广州塔和珠江新城东西塔超高建筑为中心、四大馆和海心沙为低层环绕，通过绚丽多彩的灯光打造流动立体的视觉效果。

多元素衬托立体画卷

水体、植物、景观小品、建筑物等元素在灯光照明的衬托下，有机结合形成一幅浑然天成的立体画卷。

（2）单体精品化打造

水体照明活化	植物照明形象化
·娱乐活动水景偏鲜艳绚丽光色。 ·休闲观赏水景以宁静悠然格调为主。 ·缓流水体利用倒影做虚景实景衬托。	·上射照明增强视觉连续性。 ·下射照明形成演出效果。 ·点射灯具弥补远距离景观照明。

图片来源：视觉中国授权使用　　　　图片来源：图虫网授权使用

经典建筑极致亮化

"小蛮腰"广州塔
·核心地标，中国第一高塔（600米）； ·1080个LED灯可调试出任意色彩组合。

"书墙"广州图书馆
·建筑物本体设计展现"书本堆积"； ·内外黄白灯光点缀出"发光的书本"。

"月光宝盒"广东省博物馆
·"宝盒"理念设计凹凸造型； ·红白灯光组合凸显立体效果。

图片来源：视觉中国授权使用

"亚运之舟"海心沙开幕式场馆
·科技奥秘亮点多：4个风帆状LED显示屏、1600平方米水上升降舞台； ·多色彩灯光演绎"扬帆起航"。

"外星飞船"广州大剧院
·由设计师扎哈·哈迪德设计； ·建筑材料大面积使用玻璃和钢结构。

 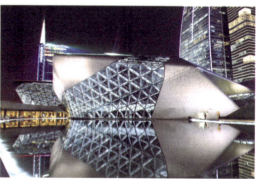

图片来源：视觉中国授权使用

2. 以国际灯光节和夜间展演为抓手，构建核心吸引物和引爆点

借 2010 年广州亚运会的东风，"花城广场 – 广州塔"夜游街区不仅实现了夜景的美丽蜕变，也使其在国内声名鹊起。广州市适时以国际标准推出灯光节活动，填补了没有大型夜间户外活动的空白，短短数日便吸引大批游客前来。在此基础上，举办了多种形式的灯光特色秀演和时尚艺术展演，不仅为游客打造了一场场视觉盛宴，同时促进了周边相关产业的繁荣，引领了消费潮流。国际灯光节及夜间展演共同构成了该夜游街区的吸引物和引爆点。

（1）广州国际灯光节成为标杆

广州国际灯光节由广州市政府于 2011 年在全国首创推出，至 2018 年已成功举办八届，累计吸引游客近 6000 万人次。[①] 联合国教科文组织把广州国际灯光节列为 2015 年"国际光年"大型文化活动，并在"国际光年"官网做出了特别推荐。

科技主题特色鲜明

广州国际灯光节是具有国际水平的城市标志性主题活动，是广州的新名片，兼具专业性、国际性、科技性、艺术性。

· 一年一主题

2011—2018 年历届灯光节主题

---

① 2019 广州国际灯光节将开启全城模式［OL］. http：//gz.bendibao.com/tour/20191024/ly255461.shtml.

· 引领趋势

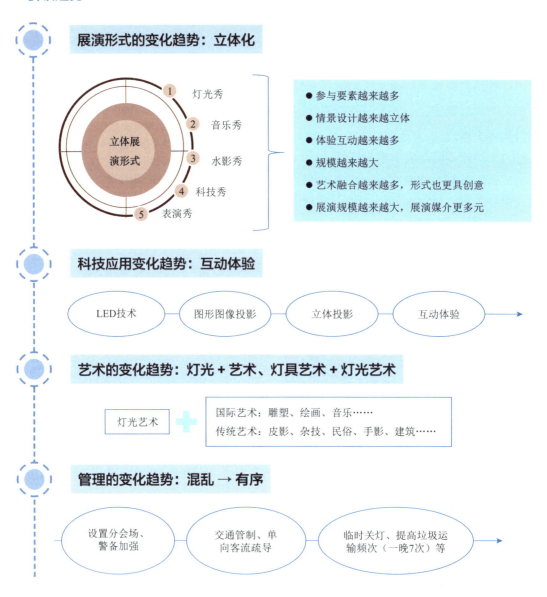

展演形式的变化趋势：立体化

立体展演形式
1 灯光秀
2 音乐秀
3 水影秀
4 科技秀
5 表演秀

- 参与要素越来越多
- 情景设计越来越立体
- 体验互动越来越多
- 规模越来越大
- 艺术融合越来越多，形式也更具创意
- 展演规模越来越大，展演媒介更多元

科技应用变化趋势：互动体验

LED技术　　图形图像投影　　立体投影　　互动体验

艺术的变化趋势：灯光＋艺术、灯具艺术＋灯光艺术

灯光艺术 ＋ 国际艺术：雕塑、绘画、音乐……
传统艺术：皮影、杂技、民俗、手影、建筑……

管理的变化趋势：混乱 → 有序

设置分会场、警备加强　　交通管制、单向客流疏导　　临时关灯、提高垃圾运输频次（一晚7次）等

成效显著

· 扩散效应带动周边业态创收

公开资料显示，2018年广州国际灯光节带动综合消费过亿元。如广州丽思·卡尔顿酒店灯光节期间入住率与灯光节前三个月相比增长了8.1%；花城汇商业广场灯光节期间日均营业额与前三个月相比增加28%~32%。

·集聚效应推动产业规模发展

广州汇集的舞台灯光音响企业近 3000 家，占据全国舞台灯光音响企业的一半，每年营业额逾 500 亿元；广东占全国舞台灯光设备 95% 的生产量，同时，中国制造占据世界 70% 的份额。[①]

·社会效应和经济效益并重

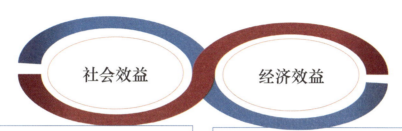

社会效益

城市影响力扩大：城市旅游、文化、经济交流等外延价值增大；
社会凝聚力增强：获得社会各界的广泛参与和大力支持；
旅游吸引力提升：珠江夜游增长、花城广场周边酒店入住率提升。

经济效益

提升赞助收益：包括灯光节广告资源、冠名权、媒体信息发布等；
相关企业获利：形成制造、销售、文化创意于一体的全产业链模式，相关企业收益提升。
促进间接获益：政府和利益相关者协同发展和良性竞争，从中获得直接或间接的收益。

（2）多形式展演聚集超高人气

灯光特色秀演，打造视觉盛宴		
"灯光+音乐"秀	"灯光+水幕"剧	"灯光+音乐"喷泉
2019海心沙新年灯光音乐秀、2018花城广场灯光音乐会等： ·春节惠民活动； ·一年一主题； ·2019年春节19天吸引20万人次预约观看。	广州大剧院前"美好生活"3D水幕投影秀： ·国际灯光节配套项目； ·定制主题演出； ·最多一天吸引27万人次观看。	花城广场音乐喷泉： ·特色游览项目； ·每晚固定时段，时长15分钟以上。

---

① 马佩佩.粤港澳大湾区背景下广州国际灯光节的协作与发展［J］.商业经济，2019（06）.

时尚艺术展演，引领消费潮流

<table>
<tr>
<td>明星音乐会</td>
<td>地点：海心沙亚运会场馆。
形式：明星个人演唱会、众星跨年音乐会、电影首映仪式等，通过明星效应带来巨大客流，从而带动商业消费。</td>
<td></td>
</tr>
</table>

图片来源：图虫网授权使用

<table>
<tr>
<td>个人艺术展</td>
<td>· **地点：** K11艺术购物中心。
· **特色：** 重点推出当地青年艺术家的作品展；一般持续2个月以上，可有效引流并带动商场日营业额增长。</td>
</tr>
</table>

3. 以时尚、现代的多元业态组合，丰富游客消费和体验

（1）高空精品美食塑造吸引点

高空餐厅，给人极致化体验

广州塔推出高空观景餐饮服务： 璇玑地中海自助旋转餐厅位于广州塔106层（423米高），是广州最高的旋转餐厅，旋转一圈1小时30分钟，在上面可俯瞰整个广州，从真正意义上诠释了"秀色可餐"；卢特斯法国旋转餐厅，更以奢华著称，人均消费600元人民币，为广州十大高端消费餐厅之一。

豪华酒店将高空餐饮作为亮点： 如佰鲜汇餐厅位于广州四季酒店100层，是由国际著名室内设计师梁志天打造的举目繁星的用膳空间；广州柏悦酒店70层的露天酒吧，通过室内全景落地窗以及无遮挡户外露台，将绝佳的城市美景尽收人眼。

精品美食，让人体验食在广州

米其林餐厅云集： 四季酒店71层的愉粤轩、炳胜公馆、炳胜私厨等米其林一星餐厅均位于"花城广场–广州塔"夜游街区内，主打正宗精品粤菜。

精品主题美食节： 2019广州亚洲美食节，以打造"精品珠江·亚洲美食文化长廊"为主题，陆上系列活动与水上流动美食餐厅相结合，打造亚洲美食精品。

图片来源：视觉中国授权使用

（2）极致夜景提升住宿体验

奢华酒店多选址于建筑高层，更便于欣赏城市夜景。如广州柏悦酒店位于富力盈凯大厦，酒店大堂设在 65 层，客房从 53 楼开始；广州四季酒店位于广州国际金融中心（广州西塔）的 69~100 层，可透过房间的落地窗欣赏珠江两岸的亮丽美景，整个城市流光溢彩的繁华景致可尽收眼底。

综合各民宿平台信息，在花城广场附近的民宿大多分散于居民区、公寓，除区位优势以外，多位于高层，可观赏广州塔及珠江夜景，成为这类名宿的突出亮点。

（3）时尚艺术主题购物造就打卡点

购物场所遍布特色艺术小品	线上线下构建网红打卡氛围
K11 购物中心艺术小品随处可见，如日本奈良美智的《大头狗》、雅加达巴古斯·潘德加的《秘密之音》声光装置、《一种风景的生长方式》混合媒介作品、《凡·高的耳朵》等成为必到的打卡点……	·各网红在相关内容平台发布打卡内容并竞相推荐； ·商场定期推出打卡点，如2019年3月推出的"色彩魔力之旅"，将10个以上色彩打卡点分置于购物中心的B1–L5层。

（4）水上夜游经典演绎与特色升级

珠江夜游开创国内水上游览
1967 年，广州市客轮公司首创水上游览业务，"珠江夜游"被誉为"夜广州"最典型的标杆项目。在美团点评发布的《2016 年度酒旅消费趋势报告》中，"珠江夜游"成为全年最受欢迎的境内景点，全年消费券数超过 140 万张。

水上奇妙剧场体味粤剧魅力

"珠江红船"于2016年2月4日在海心沙启航首演，荣获"最受欢迎的水上旅游剧场"等多项大奖。游船从海心沙码头驶出，航行时间80分钟，将观看情景体验剧《船说》（40分钟）和粤剧《月圆花好》（15分钟）；同时可观赏被誉为"月光宝盒"的珠江夜景。

（5）动感体验项目成娱乐高点

极致娱乐体验

- **天梯：** 又名蜘蛛侠栈道，位于广州塔168米（33层）至334.4米处（62层），是世界最高最长的空中漫步云梯，1096级阶梯围绕塔身核心筒螺旋向上蜿蜒。
- **摩天轮：** 位于广州塔塔顶450~454米处，是世界最高的摩天轮，沿倾斜的轨道运行一周约20分钟，可同时容纳64~96名游客。
- **极速云霄：** 位于广州塔455~485米天线桅杆的超高空位置，是目前世界最高的垂直速降游乐项目，塔上有两组速降座椅，不仅有传统的"坐跳"，更有模拟自由落体的"站跳"，为吉尼斯世界纪录之"世界最高惊险之旅"。[1]

高空观光游览

- **两级观景平台：** 首设高塔户外观景平台，分别位于塔的450米和488米处，其中488米处观景平台是世界最高户外观景平台，可360°俯瞰广州全貌。
- **主题室内观光展厅：** 设展示高塔建筑科技的科普游览厅和以白云星空为主题的室内观光大厅。

488 观景平台
极速云霄
450 观景平台
摩天轮
白云星空观光大厅
科普游览厅
天梯
电影院

---

[1] 广州塔官网，http://www.cantontower.com.

总结：广州"花城广场－广州塔"夜游街区以科技、艺术为主题，以精品化、极致化体验为目标，不仅树立了"夜广州"的时尚魅力形象，同时带动周边相关行业蓬勃发展和相关产业规模化延伸，成为街区夜游经济发展的典范。

（二）天津海河两岸夜游街区

图片来源：视觉中国授权使用

简介：天津海河两岸夜游街区以海河串联周边文化旅游和商业资源，是天津夜间经济发展的核心区域。近年来，在政府支持下，天津海河两岸夜游街区以沿岸建筑亮化打造海河律动夜景观光带，以周边四大夜间经济示范街区扩充发展空间，[①]同时以"夜游海河""夜赏津曲""夜品津味""夜购津货"有效补充游客消费和体验活动，成为"夜游津城"的重要区域和典型代表，带动天津夜游经济发展，成为天津城市旅游新名片。

区位：天津海河两岸夜游街区以从三汊河永乐桥到光华桥的 10 千米海河为轴线，从北往南跨越包括红桥区、南开区、河北区、和平区、河西区在内的天津五大城区，辐射两岸包括运河新天地、滨江道、意式风情街、津湾广场、五大道区域范围。

1. 以海河串联景观建筑、历史元素，构筑夜游特色基底

（1）以海河为载体，展现天津市运河过去—现在—未来的变化

---

① 天津市人民政府办公厅关于加快推进夜间经济发展的实施意见：津政办发〔2018〕45 号〔A〕.

（2）以道路、建筑、桥梁、景观小品及船舶等组成整个照明系统的载体

道路照明	建筑照明	桥梁照明	景观小品及船舶
下沉式亲水堤岸与人行道两者互不干扰，减少交通安全隐患。	早期洋楼+现代建筑，有传统泛光照明，又有先进LED轮廓照明。	各种风格桥梁汇集在海河上，西洋古典、传统中式。	石船舫、主题雕塑等景观小品以及船舶等。

图片来源：视觉中国授权使用

同时，政府主导下，成熟的运维管理机制和相关的政策法规也为天津夜景发展提供了重要支撑和保障。一方面，建立由相关部门和单位分工协作的夜景运行维护管理机制。另一方面，制定《海河夜景灯光设施管理办法》等专门规定，要求海河夜景灯光设施完好率达到98%，开启率达95%。

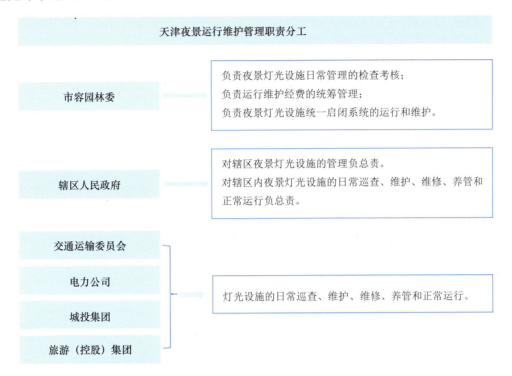

天津夜景运行维护管理职责分工

市容园林委
负责夜景灯光设施日常管理的检查考核；
负责运行维护经费的统筹管理；
负责夜景灯光设施统一启闭系统的运行和维护。

辖区人民政府
对辖区夜景灯光设施的管理负总责。
对辖区内夜景灯光设施的日常巡查、维护、维修、养管和正常运行负总责。

交通运输委员会
电力公司
城投集团
旅游（控股）集团
灯光设施的日常巡查、维护、维修、养管和正常运行。

2. 以沿岸四大夜游街区为抓手，延伸发展空间

分布于海河两岸的意式风情街、五大道、津湾广场、运河新天地四大片区，不仅具有深厚的历史底蕴，同时具有一定的旅游基础。将四大片区打造为不同主题的夜游街区，使之成为海河两岸夜游区"一带四区"发展的重要支撑。

（1）意式风情街——欧陆风情夜游经济示范街区

简介	夜游特色
意式风情街位于天津市河北区，曾为意大利租界，由五经路、博爱道、胜利路、建国道四条道路合围起来的四方形地区统称为意大利风情区，目前保存完整的欧式建筑近200栋。	·意式餐厅、法式餐厅等世界美食云集，形成强吸引； ·灯光秀、5G体验等时尚科技展演汇聚高人气； ·文艺演出、音乐会、酒吧驻唱等丰富游客体验。

（2）五大道——商旅体验型夜游经济示范街区

简介

五大道位于天津市中心城区，拥有英、法、意、德、西不同国家建筑风格的花园式房屋 2000 多所，被誉为万国建筑博览苑，其中风貌建筑和名人名居有 300 余处，是迄今天津乃至中国保留最为完整的洋楼建筑群。

夜游特色

· "城市记忆"音乐会、开心麻花剧场演出、灯光秀等活动轮番上演，吸引年轻客群；
· 餐饮品牌快闪店、进口商品直营店等与经典建筑组合，打造天津旅游新时尚；
· 地道饮品小吃与酒吧、咖啡厅、西餐厅混搭结合，塑造天津餐饮新地标；
· 文创市集、互动体验等个性化品质内容带动流行趋势。

图片来源：视觉中国授权使用

（3）津湾广场——狂欢不夜城夜游经济示范街区

简介

津湾广场位于天津市和平区原法租界内，东面和北面海河环绕，建筑风格与周边原租界内的历史建筑一致，是天津金融城的标志性区域。

夜游特色

· 商务会馆打造精致休闲空间；
· 剧场国际歌舞会提升城市文化品位；
· 酒吧、KTV承载年轻客群夜间娱乐；
· 影院、购物中心满足大众娱乐需求。

图片来源：视觉中国授权使用

（4）运河新天地——运河文化夜游经济示范街区

简介

运河新天地位于红桥区大丰路与南运河交叉口，邻近天津眼和天津西站，全长 730 多米，总建筑面积约 6000 平方米，由 15 栋建筑面积为 300~500 平方米的二层独栋建筑组成。

夜游特色

· **深度挖掘餐饮文化：**除汇聚天津老字号餐饮、全国知名餐饮和网红小吃外，还建有"运河·津菜源"博物馆用以展示津菜渊源。

· **营造运河主题氛围：**设有时空隧道、运粮小船等运河主题夜游景观小品，同时借助热气球、海河灯光秀打造网红打卡点。

3. 以津味文化的四夜组合充实消费体验

（1）夜品地道天津味

美食夜市	运河新天地夜市： · 以地方名食、网红小吃为主力业态。 · 配套时尚购物、儿童游乐、极限运动等针对不同客群的多元业态。 · 代表天津特色的相声、快板等民俗演艺助阵。 · 政府主导下，环保先行与公共服务配套并进。
美食街区	意式风情街、五大道、滨江道： · 以地道、有氛围的西餐构成餐饮主力业态。 · 聚集天津老字号、津味小吃、品牌快餐、酒吧、咖啡厅等餐饮业态。 · 配套文创集市、经济型酒店、夜游观光车等业态延长游客停留时间。 · 以时尚演艺、科技展演等营造欢乐氛围。 · 政策引导下营业时间延长至深夜，如五大道商户营业时间延至每晚23点，方便为游客提供晚间餐饮服务。

（2）夜赏海河文化

一桥一景一地标	在海河两岸夜游区范围内，海河沿岸夜景打造以桥为亮点，采用不同的文化理念和建造手法展现有节奏的海河律动空间。 • 一是旧桥改造，如狮子林桥、北安桥等，其中永乐桥上的"天津之眼"已成天津新地标。 • 二是开启桥的修复与加固，如金汤桥、解放桥等，其中金汤桥是天津最早的钢结构桥梁，同时也是象征天津解放的标志性桥梁。 • 三是新建桥梁，如大沽桥、赤峰桥等，其中赤峰桥如同一艘巨轮，60多米高的主塔犹如扬起的风帆。
水陆游互动	• 水上夜游：于每晚19:30和20:30开通两班游船航线，航经文化街、天津站等四大码头，航程50分钟，穿梭于海河沿岸灯光秀演中。 • 慢行步道：沿海河设置亲水岸线，铺设青石板游步道及自行车道，游客可近距离感受海河夜景，进行网红拍照打卡。
节庆品牌活动	• 定期活动：一是海河文化旅游节，至2019年3月已连续举办两届；二是借助传统节庆推出主题活动，如中秋茶会、七夕自助晚宴、暑期游船亲子课堂等。 • 多方联动：联合北京什刹海、山东台儿庄古城、扬州瘦西湖等景区，推出"一本护照畅游运河"，将海河文化与运河文化有机结合。

图片来源：视觉中国授权使用

（3）夜购天津名优特产

大商圈承载力强	滨江道商业街被誉为天津必打卡商业街，全长2094米。汇集劝业场、友谊新天地、大悦城、津汇购物广场、乐宾百货、现代商城、天津伊势丹等大型综合商场，日客流量30万人次，节假日及高峰时段客流量达100万人次，夜晚人流更为密集。但目前多以传统商业业态为主，创新力不足。
政府管控潜力大	·政策鼓励构筑宽松营商环境：一是20—24点放宽摆卖管制；二是鼓励延长营业时间；三是定向引导多品牌24小时便利店落户。 ·政府背书推进精品夜市发展：和平区2017年启动中小型商业精品示范店评选活动，五大道内近180家商户积极响应，为精品夜市开市打下坚实基础，为夜游人群提供更优的购物体验。

图片来源：视觉中国授权使用

（4）夜演传统天津曲艺

夜演构成"曲艺之乡"独特吸引

·天津是多种曲艺的形成和繁衍地。天津时调、天津快板为天津特有的；京韵大鼓、京东大鼓、铁片大鼓、快板书等是在天津形成后逐渐传播出去的特色曲艺形式；相声、评书、单弦、梅花大鼓、西河大鼓等是在天津兴盛发展的。[①]
·天津是培养曲艺大师的摇篮。清末民国时期，天津陆续出现小黑姑娘、林红玉、小映霞等一大批说唱艺人，其中尤以刘（宝全）、白（凤鸣）、张（晓轩）京韵大鼓最为著名，著名相声演员"八德"之裕德龙、马德禄等均成名于天津。

---

　　① 袁锴，杨霖.百年风雨诉不尽，未到码头已闻香——寻味"哏儿都"[J].道路交通管理，2019，416（04）：84—85.

打造夜游津城新标配

· 政府引导下多场景演出。曲艺表演成为游船体验升级、夜游街区文化娱乐、节庆活动必备项目，如运河新天地夜市曾举办"谦祥益文苑相声义演"；海河游船与名流茶馆曾合办"中国天津曲艺文化旅游嘉年华"并在游船站专场演出。

· 欣赏天津曲艺成为体验天津生活的重要内容。如天津市民常去的名流茶馆已成为夜天津一张标志性的文化旅游名片；规模最大的天津中国大戏院，享誉海内外，是深受天津市民喜爱的大型文艺演出娱乐场所。

名流茶馆演出盛况

图片来源：视觉中国授权使用

总结： 天津海河两岸夜游街区以海河文化旅游带的夜景观光为纽带，以打造不同主题夜游示范区为重点拓展夜游空间，同时配套展现传统经典文化的夜游、夜宴、夜演、夜购等相关业态，构筑了"夜游津城"的美好画面。

（三）杭州 G20 灯光秀

简介： 为迎接 2016 年 G20 杭州峰会的召开，杭州在其城市的典型代表区域举办了灯光秀。以 33 个入城口为主要节点，54 条城市主要道路为脉络，通过"串珠成链"的手法，打造了层次清晰、重点突出、明暗相宜、动静融合的城市景观亮化体系，成为向世界展示"杭州味、中国风、国际范"的中国名片。

区位： 以西湖、运河、钱塘江为三大核心区。

图片来源：视觉中国授权使用

1. 通过景观亮化与灯光秀演组合丰富内容

通过灯光艺术和自然景观的无缝融合，展现杭州的温婉城市形象，并根据不同季节设置照明亮化时段，以及在重要节点设置包括灯光秀、音乐喷泉、演艺等灯光秀演，营造整体空间氛围。

类型	项目名称	所在地点	展示时间
灯光亮化	1级亮灯	西湖周边、钱塘江两岸、运河沿线、重要商圈等区域	每周二、五、六与法定节假日
	春夏季亮灯		4月15日至9月30日每晚19：00—22：30
	秋冬季亮灯		10月1日至次年4月14日每晚18：00—21：30
灯光秀演	钱江新城灯光秀及音乐喷泉	市民中心、杭州国际会议中心、杭州大剧院	每周二、五、六晚18：30、19：30各一场
	钱塘江两岸灯光秀	滨江区段及上城区段	
	武林广场灯光秀及音乐喷泉	武林广场	灯光秀每晚20：00一场；音乐喷泉每晚19：30、20：30各一场，每周五、六晚21：00加一场
	西湖音乐喷泉	西湖景区	每晚19：00、20：00各一场
	《最忆是杭州》		每晚19：45—20：35一场，根据情况增加21：15—22：05场

2. 通过重要节点主题灯光秀构成核心吸引

钱江新城灯光秀

"水之灵"	"城之魂"	"光之影"
从生命之水、自然之水、智慧之水入手，展现江南韵味。	从历史文化、创新活力之城、生活品质之城三个角度，展现中国文化底蕴。	在重要地标建筑上运用声、光、电等现代化视觉效果，配以动感音乐，烘托出大都市氛围。

灯秀地点	展演主题	科技手段
国际会议中心	"日出江花"意境	逐层 LED 线性投光灯照亮
杭州大剧院	"众星拱月"意向	整体泛光塑造出"月亮"，以玻璃幕的点光源，模拟星空闪烁
市民中心建筑	"天圆地方"概念	采用中型白光及主题模式灯具，与临江 30 多栋建筑形成联动

图片来源：视觉中国授权使用

京杭大运河灯光秀

　　采用"光的微创新"方式亮化青园桥、御码头、富义仓、桥西历史街区等30多个节点，展现"水墨丹青"的主题。

图片来源：视觉中国授权使用

西湖景区夜景灯光秀

　　以在西湖岳湖上演的实景演艺《最忆是杭州》为代表，通过景观灯色温的转换实现白描的灯光艺术效果，展现中国非物质文化遗产，配以演员及音乐的组合，展现中国水墨画的"山水意"。

2016年G20峰会《最忆是杭州》演出效果图

图片来源：视觉中国授权使用

3. 让一场灯光秀成为一张世界名片效益明显

　　G20灯光秀让美丽的西湖惊艳了全球，峰会后杭州的国际知名度大大提升，也让杭州成为热门的旅游目的地。不仅使得短期内杭州游客大幅增长，同时推动了杭州夜游的发展，灯光秀演也成为传统文化展现的重要窗口、城市的新名片。

游客增长	赴杭周边游订单增长超一倍，峰会带动会展热。 西湖边的饭店生意爆单，游客偏爱杭帮菜。 运河漕舫单日乘客超过9000人次，钱江新城、运河街区受青睐。 峰会后首周末杭州游客暴增，两天接待游客量相当于淡季一个月。
带动夜游	带动杭州市民的夜间休闲活动。 带火夜游景点，间接带火了周边餐饮、住宿以及零售业；白天看西湖，晚上欣赏夜景，已经是游览杭州的"标配"。
展现文化	"灯光搭台文化唱戏"，通过灯光秀把抽象的非物质文化遗产、典故、名人等文化形象化、具体化。

CHAPTER ELEVEN

第十一章　夜游经济巅峰案例

　　无论是以灯光照明产业发展为引领，还是以片区相关业态集聚为先导，发展夜游经济都是系统化工程，需要顶层规划、产业导入、业态经营和综合管理等全方位协调。北京巅峰智业作为中国最早的文旅智力服务机构之一，基于多年实战经验，不仅创新性地将夜游经济纳入地方旅游发展整体规划之中，同时基于文旅产业平台优势，推出了光影剧、奇幻光乐园、梦幻灯光节等夜游产品，通过光影剧＋夜游消费业态＋夜间活动营销，形成了破解夜游经济难题的巅峰模式。目前，已成功落地多个巅峰震撼系列的光影剧产品、多个不同应用场景的点亮系列产品，以及若干夜游规划项目。

一、巅峰光影剧系列案例

（一）《天海传奇》

1.项目概况

图片来源：中视巅峰授权使用

项目介绍：《天海传奇》是一台5D魔幻光影剧，由巅峰智业子公司中视巅峰打造，首创无真人表演秀，巧妙地将现有建筑作为投影幕布，运用5D成像、全息投影、水幕电影和激光造型等声光电设备和顶尖技术手段，融入连云港文化和旅游资源特色，共同演绎了人鱼公主和海盗船长等让海洋重现和平与光明的魔幻故事。自2017年连云港市"全域旅游季"活动推出《天海传奇》光影剧以来，便与民国风啤酒节、1933摄影秀等一起点亮了老街夜晚，开创了连云港老街夜游新模式，带动了周边餐饮、住宿和购物等二次消费，成为连云港旅游的新名片。

项目地点：江苏省连云港市连云港老街。

首秀时间：2017年7月29日。

2.呈现效果

（1）云港海雾，扬帆起航

《天海传奇》创造性地使用了雾森作为观众席的气氛渲染系统。在音乐响起的同时，灯光于船体中流光四射，弥漫在观众席中的雾森使观众仿佛身处波澜壮阔的海洋中，一场触手可及的魔幻神话——迷雾与灯光、船帆与海浪，带给观众如梦似幻的海洋体验。

（2）楼影重叠，潜船入洋

《天海传奇》使用了顶尖的灯光装置及声光电技术，点亮整个老港口，唤醒了老港口沉睡的灵魂，带来了尘封中遥远的历史与记忆，使游客沉浸其中，为游客带来了魔幻而刺激的视觉体验。

（3）灯光绽彩，劈海逐浪

将老旧船体作为光影剧"演员们"的舞台，给实景船体配备光影与水炮火炮，将静止船体赋予灵动生命，水炮火炮震天齐响、光影雾森交相掩映，给予观众多元、新颖、魔幻的航行感受。

（4）声势浩大，音浪磅礴

将声、光、电的配合发挥到极致，运用高新技术手段使这一场魔幻大秀精彩纷呈。在光影与雾森搭配的同时，声势震撼的音效与画面掩映生姿，打造绚烂多彩的魔幻之夜，奏响最为传奇的远洋之音。

图片来源：中视巅峰授权使用

3. 项目特色

（1）低造价

《天海传奇》整体投资 3500 万元。一方面巧妙地将现有建筑作为光影剧的投影幕布，无须新增剧场等工程项目，施工投入少；另一方面首创无真人演出，无须招募演员、编排剧目等其他旅游演艺的必需投资。此外，除演出时段将进出口封闭外，其余时间不影响场地的开放休闲功能，无须增加场地或其他固定投入。

《天海传奇》建设中　　　　　　　　　　《天海传奇》演出实景

图片来源：中视巅峰授权使用

（2）短周期

建设工程以改造为主，包括灯光线路改造、三面环绕建筑加饰、舞台及互动设施搭建布置等，从开工到首演仅仅 28 天。

（3）轻运营

演出操作智能灵活：一是操作开关按钮便可控制演出；二是演出时长易调整（30

或40分钟）、演出场次灵活（每晚可演多场）。

成本低廉：一是固定成本低，除设备折旧外，演出的运营支出仅含水电费；二是人力需求少，只需少量管理人员、票务、演出控制技术人员和安保人员。

（4）高科技

融合全息投影、创意激光、裸眼3D楼体秀、5D灯光秀、电子烟花等技术以及声、光、电、雾等视觉艺术，形成沉浸式互动体验效果。

《天海传奇》演出操作台

图片来源：中视巅峰授权使用

4. 综合效益

（1）创新传统演艺，打造城市亮点

《天海传奇》巅峰震撼光影剧，从诞生之初便带着科技与创新的光环，获得包括央视、新华网等主流媒体的报道，同时也在微信、抖音等新媒体平台刷屏传播。《天海传奇》不仅是"科技＋文旅"的典型代表，同时也带动连云港老街成为连云港旅游的新名片。

（2）点亮天海夜色，盘活经济商街

一方面，《天海传奇》作为"2017连云港之夏"旅游节的亮点项目，与民国风啤酒节、1933摄影秀、复古黄包车和特色小吃等夜游项目互补，创造了营收高峰。

另一方面，七一广场周围有居民区环绕，配有球场和健身设施，原为老街居民的休闲活动场所，《天海传奇》演出后，迅速成为游客的打卡点，带动周边餐饮、酒吧、零售等相关业态的效益显著增长，带动非遗体验、民宿、咖啡厅等业态及行业知名品牌加入，在增加游客消费体验的同时有效提升了商业氛围。

图片来源：中视巅峰授权使用

（二）《天仙配新传》

1. 项目概况

图片来源：中视巅峰授权使用

项目介绍：《天仙配新传》是由安徽出版集团投资 3.5 亿元倾情打造，巅峰智业旗下中视巅峰历经 2 年精心打磨的实景光影剧。该剧将传统文化与光影高科技完美结合，依托五千年文博园内的"烟雨楼"、"立体清明上河图"古街、湖面、"汴梁楼"等多处场景打造了山水实景舞台，通过声、光、电、水、雾、火、威亚、全息投影等技术与特效打造了满足观众听觉、视觉、触觉等多重感官体验的演出效果，带给观众逼真的沉浸式体验感受。该秀首演便获得《新闻联播》及相关主流媒体纷纷报道，成为安徽乃至全国文化与旅游融合、文化与科技融合的新样板。

项目地点：安徽省安庆市太湖县五千年文博园。

首演时间：2019 年 10 月 1 日。

2. 项目特色

（1）最"梦幻"的视觉效果

《天仙配新传》采用"虚实结合"的方式，带给观众如梦似幻的视觉体验。整体而言，"虚"有大量的激光投影视频，"实"有"清明上河图"古街如画卷一样徐徐展开；局部来看，"虚实结合"指的是真人表演和虚拟视频的互动。

（2）最"多元"的呈现手段

在演唱、舞蹈等表现基础上，巧妙地融入灯光、激光投影、水幕、机械特效、虚实互动等新颖的呈现方式。

（3）最"动情"的叙述方式

通过跌宕起伏的剧情、经典的曲调以及不同的演绎方式，呈现最走心、最动情、最催人泪下的作品，精准把控观众情绪。

图片来源：中视巅峰授权使用

3. 项目亮点

听一曲黄梅，赏一段徽腔。

于坐念唱打里品味悲欢离合，在起承转合处体会人生百味。

（1）沉浸式全景光影架构，首创水上荷叶舞台

以五千年文博园实景为载体，融合"烟雨楼"、"立体清明上河图"古街、湖面、"汴梁楼"打造沉浸式全景光影架构，展现皖南风韵。

（2）实景复原《清明上河图》长卷，再现民间风物市井百态

《天仙配新传》依托五千年文博园内的"清明上河图"文化园，通过光影技术点亮了这里的立体"清明上河图"，再现了北宋时期汴梁城的繁华街巷。立体"清明上河图"是按照一定比例在斜坡为25°，高50米，宽500米的山体上建造而成的实景。在实景的衬托下，实现人在景中、景在画中的意境，带领观众梦回千年，体验北宋时期风花雪月与人间烟火交织的宫廷与市井生活，以及汴梁的繁华景色。

图片来源：中视巅峰授权使用

（3）3D威压上天入地，带领观众逐爱千年

在演出中，真人威亚表演配合巨幕虚拟成像，虚实错落间，营造出裸眼3D的感官体验，让游客身临其境，感受天上地下的不同。

（4）经典剧目创意新编，唤醒时代共鸣记忆

该剧是由黄梅戏经典曲目《天仙配》创意改编而来的，在保留《天仙配》鼓励男女反抗封建礼制、勇敢追求内心所爱的精神内核下，对董永和七仙女分别后的故事进行了延展。新传巧妙地将科技、文化、艺术相融合，使黄梅戏突破了传统的受众、题材和表演形式的限制，焕发了生机，唤起了几代人对经典黄梅戏的内心共鸣，成为当前炙手可热的网红打卡项目。

（三）顺德华侨城《声光电水舞》

1. 项目概况

图片来源：巅峰智业、创一佳授权使用

项目介绍：《声光电水舞》属于顺德华侨城的项目，由巅峰智业联手创一佳共同打造。《声光电水舞》以水系为纽带，将顺德一河两岸建筑群及标志性地标的灯光、音响系统串联在一起，用激光、数码喷泉、旱喷、音乐等在各区域形成不同的亮点，打造出超10万平方米的大型全彩激光立体空间秀。《声光电水舞》于新中国成立70周年之际正式开演，潮流与经典兼备，水形与光色联动，带动顺德华侨城欢乐海岸PLUS主题公园成为新晋网红打卡地，仅国庆期间就达到60万人次的超高游客量，成为夜游创意全新案例，打造了文化旅游融合的新标杆。

项目地点： 广东省佛山市顺德区华侨城欢乐海岸 PLUS 主题公园。

首秀时间： 2019 年 10 月 1 日。

2. 项目亮点

（1）运用科技，实现园区全空间联动

《声光电水舞》运用了国内顶尖的水景喷泉系统、水景灯光系统、音响系统、控制系统、全息投影等声光电技术，将园区内 38 米高的时光塔、99 米高的摩天轮、湖面、牌坊广场等地标的全景灯光，与音乐、喷泉融合；同时，通过水舞曼妙、色彩缤纷、空间丰富的立体演出，实现水形与光色的空间联动，给人以身临其境、如梦似幻的唯美感受。

（2）结合动线，塑造高低位亮点和场景切换

整个主题公园以水系为纽带，将业态有机串联，商业以一河两岸为主要集中点，同时还包含滨水沿岸到景观桥区域。基于此，设置高低位两大视觉亮点：借助园区内摩天轮、爱情塔等构成俯瞰园区的高位视觉亮点；借助情侣大道、曲水湾、玫瑰广场、大摆锤等重要节点形成低位视觉亮点。同时，在灯光设计上，通过重点打造曲水湾水秀，形成视觉焦点；在特定时段，通过灯光烘托爱情港与玫瑰广场，营造浪漫的夜间氛围。

《声光电水舞》平日灯光效果图　　　　　《声光电水舞》周末灯光效果图

图片来源：巅峰智业、创一佳授权使用

（3）搭配音乐，营造沉浸式体验氛围

《声光电水舞》采用国际知名交响乐融合当地民乐的音乐设计，以及特有主题的灯光设计，呈现平日与新春跨年、情人节、七夕节、中秋节、国庆节、万圣节、圣诞节等不同节日的氛围。

情人节广场效果图　　　　　　　　　定制求婚现场效果图

图片来源：巅峰智业、创一佳授权使用

（4）创意内容，打造文化盛宴

《声光电水舞》以其多变的形态、丰富的内容向游客输出当地特色文化，引发游客的情感共鸣。2019 年国庆期间，华侨城欢乐海岸 PLUS 主题公园举办了一系列致敬祖国的相关活动。其中，99 米高的摩天轮变换成红色五角星，在夜幕中冉冉升起，与水景喷泉"70"的字样遥相呼应，营造了献礼国庆的喜庆气氛。用"文化牌"塑造地方独一无二的夜间吸引力，可以避免形成走马观花式游览，且对提高游客重游率有着重要的作用。

图片来源：巅峰智业、创一佳授权使用

二、巅峰点亮系列案例

（一）点亮乡村：嵩口古镇

1. 项目概况

图片来源：巅峰智业授权使用

项目介绍： 嵩口古镇是福州"中国历史文化名镇"，其整体照明方案由北京巅峰智业旅游文化创意股份有限公司及江海洋顾问联袂打造。嵩口古镇亮化工程以打造"慢游嵩口"为目标，以"静""典雅""质朴""风月""印痕"为创作内涵，通过用灯光重构夜晚古典建筑的表情，用色彩温暖聚落环境的亲和感觉，塑造一幅天然清新、质朴自然的夜游村落面貌。

项目地点： 福州永泰县西南。

2. 项目亮点

嵩口古镇的亮化把古镇建筑和环境载体用舞美的手法表达得淋漓尽致：

·用灯光捕捉构筑物等重要节点的艺术特点，重新演绎千年古镇的历史痕迹；

·重点突出店标、店面、店门、展示窗等，烘托出繁华的商业古街氛围；

·灯光色调统一，兼顾对整个空间环境的影响，在生活休闲片区呈现给游客一幅天然清新、质朴自然的夜游村落面貌。

图片来源：巅峰智业授权使用

（二）点亮景区：月下秦谷

1. 项目概况

图片来源：巅峰智业、创一佳授权使用

项目介绍： 月下秦谷为桃花源景区内秦谷段亮化工程项目，全长 3.7 千米，由巅峰智业联合创一佳共同打造，常德市桃花源旅游管理区景区和城镇管理局投资运营，整体建设投资 500 万元。该项目旨在将景观照明的自然性、环保性、体验性以及质朴自然的设计思想发挥到极致，使其成为湖南第一流的夜环境休闲基地。以"桃花源里有人家，山水深深草生花。莫道武陵无处去，避世何须到天涯"为空间意向，通过常态照明达到安全、有效、便捷、舒适的效果，运用表演灯光实现关注性、丰富性、多变性，并打造具有吸引力和关怀属性的夜景氛围，成为人们期待浪漫与惊喜，体验古人怡然自得田园生活的最佳文旅场所。

项目地点： 湖南桃花源风景名胜区。

2. 项目亮点

（1）秉承光应用的五大原则勾勒梦幻田园画面

秦谷位于乡村，其主要客群大多以追寻质朴、清雅和淡远的生活体验为目的，在灯光塑造方面，需要在满足原有村民基本亮化的前提下，增强乡村田园诗画的意境。通过对古村富有风情的建筑载体以及环境的改造设计，勾勒出乡村的恬淡与宁静，用灯光赋予它们新的形象和生命。项目秉承了五大原则：宜暖色光照射近人尺度，忌冷白光形成干扰；宜正白光照亮树木绿植，忌七彩光快速变化；宜淡彩光形成和谐空间，忌重彩光强烈刺激；宜动态光烘托趣味高潮，忌照度不足形成暗区；宜明暗光变化主次有序，忌空间杂乱形成眩光。

图片来源：巅峰智业、创一佳授权使用

（2）运用灯光色彩的强弱组合打造夜景节点与动线

在亮化过程中，以不同的色彩区分重点，在重要节点利用多色彩灯光装置进行亮化，在其他区域则运用淡青、淡蓝、淡黄等灯光晕染景致，打造清新雅致感。

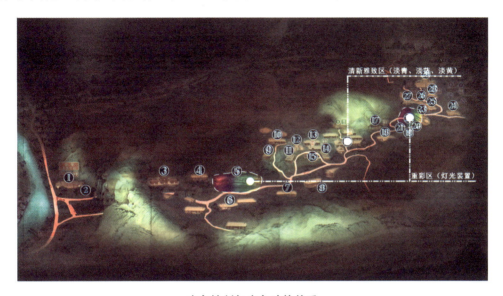

光色控制与光色动静关系

图片来源：巅峰智业、创一佳授权使用

在景区的主要游步道旁设置同色光源形成游客主要动线，在通往两侧景点的游步道上设置变换色彩的光源形成次要动线。

秦谷动线布局图

图片来源：巅峰智业、创一佳授权使用

（3）采用灯光智能控制装置实现节能

项目灯光场景由控制中心发出指令，可实现无人化控制。

一是可设置定时开关，如根据日出、日落时间调整灯光的开关时刻。

二是可根据日子属性设定不同的灯光效果，如同一处灯光照明，在工作日可以是单色输出，节假日可输出多色图案。

三是按时间段改变灯光输出亮度和灯光效果，一般可分为三个时段：18：00—21：00、21：00—24：00 和 24：00—06：00，可根据游客活动时段设置不同夜景效果。

18：00—21：00 时段智能控制显示效果

21：00—24：00 时段智能控制显示效果

24：00—06：00 时段智能控制显示效果

图片来源：巅峰智业、创一佳授权使用

（三）点亮景区：南京秦淮河游船游线亮化提升

1. 项目概况

项目介绍： 南京秦淮河游船游线亮化提升工程（十里秦淮游船游线亮化提升工程）由南京夫子庙文化旅游集团有限公司投资，总投资 2600 万元。该项目途经白鹭洲公园，全长 2.4 千米，对魁星阁、长桥选秀、浣花桥、湘兰苑、白鹭洲公园河岸沿线、白鹭洲公园水上舞台、秦淮水亭、古桃叶渡及桃叶桥、东水关、文德桥、媚香楼、来燕桥、钞库街 18 号等进行亮化了提升。以游船游线将各个景观区域进行串联，形成具有秦淮特色文化的夜游胜地。其灯光设计以南京的历史文化艺术及山水城林的特色为基础，旨在以声光影等现代技术手段再现"桨声灯影秦淮河，天上人间白鹭洲"的烟雨秦淮梦境。

项目地点： 南京市秦淮区。

项目荣誉： 荣获阿拉丁神灯奖——优秀工程奖。

图片来源：巅峰智业、创一佳授权使用

2. 项目亮点

| 照明设计理念 | 将灯光场景与演艺结合 |

深入挖掘秦淮河的特色文化，通过灯光照明营造故事情景，实现沉浸式观演，让游客的情感与艺术的美感产生共鸣，体验身临其境的场景氛围。

| 景观联动 | 以游船游线串联各个景观区域 |

形成富有韵律而又生动活泼的夜游灯光，让秦淮历史文化"活起来"，从而更好地提升秦淮河夜游经济的活力。

| 观演节奏 | 节点和亮点处船速放慢 |

游客随游船观赏演出，游船行至节点和亮点之处，船速会放慢，伴随灯光节奏的变化，给人以惊喜、回味、感动，给游客渐入佳境的带入感。

| 文化内涵表现 | 传统灯光与新媒体的艺术融合 |

十里秦淮风光带以其历史文化为根本，以亭台楼榭、山水城林为载体，采用传统灯光与新媒体的艺术融合，以秦淮河为脉络，让承载历史文化和典故的画面贯穿整个夜游线，为游客创造更好的观感和多维度的场景体验。

图片来源：巅峰智业、创一佳授权使用

三、巅峰规划案例

（一）满洲里市全域旅游发展规划

1. 项目概况

项目介绍： 本项目立足满洲里市旅游资源优势和市场需求，重点打造"最炫跨国风、最美不夜城、最火商会都、最爽避暑地、最嗨冰雪城"五大主题旅游产品，构建"一龙头一增长极，两区一环线"全域旅游空间格局。其中，"最美不夜城"主题产品围绕"六夜"进行旅游要素升级，通过增加动态夜景、做活夜演、做特夜宴、做大夜购、做好夜娱、做精夜宿，全面升级满洲里夜游经济。

项目地点： 内蒙古满洲里市。

2. 项目亮点

满洲里"最美不夜城"主题产品围绕"六夜"进行要素升级，做靓满洲里城市夜景，全面升级满洲里夜游经济。

做强旅游"夜经济"，全面升级满洲里夜间旅游

满洲里 六夜

- **夜景** 智慧亮化，浪漫典雅
- **夜演** 动感歌舞，夜色未央
- **夜宴** 跨国风味，舌尖体验
- **夜购** 精致商品，欢购全城
- **夜娱** 越夜越嗨，别样体验
- **夜宿** 风情酒店，舒心入眠

（1）夜景——智慧亮化，浪漫典雅

增加动态夜景，打造智慧荧光跑道，定期举行星空焰火表演，打造动感音乐喷泉。

星空焰火表演

图片来源：视觉中国授权使用

（2）夜演——动感歌舞，夜色未央

做活夜演，整合提升现有俄罗斯风情表演，针对外籍游客打造中国特色民族演艺，举办风情嘉年华夜演巡游活动。

风情嘉年华夜演巡游活动

图片来源：视觉中国授权使用

大型城市户外裸眼 3D 灯光秀

图片来源：中视巅峰授权使用

（3）夜宴——跨国风味，舌尖体验

做特夜宴，打造"三国"美食一条街，推出更多正宗"俄式大餐"，开展万国美食体验活动，引进其他高端欧式餐饮，举办形式多样的美食节、啤酒节、食神体验活动等。

"三国"美食一条街

图片来源：视觉中国授权使用

（4）夜购——精致商品，欢购全城

做大夜购，打造"中俄贸易特色夜市"，重点发展俄罗斯休闲购物，导入俄罗斯玉石产业，打造远东地区淘宝体验地。

图片来源：视觉中国授权使用

（5）夜娱——越夜越嗨，别样体验

图片来源：视觉中国授权使用

做好夜娱，引入时尚夜店、酒吧、小剧场、电影院等业态，打造俄罗斯风情酒吧一条街，启动景区夜游模式，完善夜游服务配套，打造满洲里夜游线路，延长公交车运营时间。

（6）夜宿——风情酒店，舒心入眠

做精夜宿，建设风情特色庄园，打造国际化品牌度假酒店，建设俄罗斯风情精品度假酒店，培育蒙古族精品民宿。

项目强化了满洲里旅游品牌形象，将满洲里"最美不夜城"的品牌形象积极推向国际旅游市场。

图片来源：视觉中国授权使用

（二）咸宁市旅游业"十三五"发展规划

1. 项目概况

项目介绍：本项目首次提出月光旅游，并将全市旅游空间优化以"香泉月光城旅游休闲度假核"为核心，并以月色泉城和桂月小镇作为月光旅游的重要载体，通过景观亮化、夜间业态注入、休闲空间营造及夜间产业链延伸等手段，打造咸宁最具特色的月光旅游地标和月亮文化体验圣地。

项目地点：湖北咸宁市。

2. 主要产品及打造措施

（1）月色泉城——打造咸宁最具特色的月光旅游地标

以月色泉城作为月光旅游的亮点抓手项目，通过打造月光河、望月山（两山）、桂月街、瑶池泉，构建月光主题休闲集聚区，集中体验月亮文化、嫦娥文化、民俗文化，打造咸宁最具特色的月光旅游地标。

月光旅游——月色泉城

月色泉城以桂月文化为内涵，实现文化体验和夜间消费两大功能，构建以城区、桂月小镇为核心的休闲消费集聚区，并通过文化休闲体验节点建设、夜间景观亮化、服务设施完善来营造休闲氛围，以桂月文化构建集旅游休闲、夜消费、文化娱乐、文创购物于一体的月光旅游经济示范区。本项目通过以下举措打造月色泉城的月光文化综合体验：

月光景观美化

通过雕塑、灯光、彩绘、音乐，营造浪漫的月光休闲氛围。

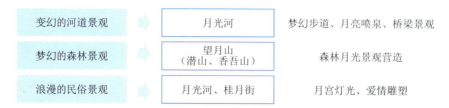

变幻的河道景观	➡	月光河	梦幻步道、月亮喷泉、桥梁景观
梦幻的森林景观	➡	望月山（潜山、香吾山）	森林月光景观营造
浪漫的民俗景观	➡	月光河、桂月街	月宫灯光、爱情雕塑

休闲产品注入

以淦河和潜山、香吾山为核心，以"淦河水上游，潜山森林秀"为两大抓手。

水上休闲	森林休闲
"淦河水上游" 月光河	"潜山森林秀" 望月山（潜山、香吾山）
"淦河泛舟" "月娱淦河" "星空赏月"	"魔幻森林" "漫步森林" "月宫茶林"

休闲产品注入

通过向街区注入旅游休闲功能，实现民俗文化活态体验和街区夜休闲。

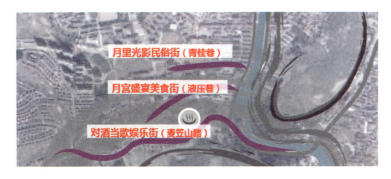

月里光影民俗街（青桂巷）

月宫盛宴美食街（液压巷）

对酒当歌娱乐街（麦笠山略）

（2）桂月小镇——打造月亮文化体验圣地

桂月小镇，以"月亮＋桂花"为主题，创新性开发祭月节、祭月小镇、桂花美容谷、桂花舞蹈、桂月文学及系列文化创意产品。通过建设休闲空间、亮化夜景空间、完善服务设施、构建月光产业体系，将"桂月文化"旅游产业化，构建桂月旅游文创产业园区，打造桂月文化体验圣地。具体措施：

建设休闲空间

以双溪桥夜光花海景区、星星竹海星烛小镇、汀泗桥传奇夜战小镇为重点抓手。

双溪桥夜光花海景区： 依托油菜花和薰衣草花海，通过灯光和高科技，丰富花海夜间景观，打造全时花海休闲旅游区。

图片来源：图虫网授权使用

星星竹海星烛小镇："竹海深处的养生度假山居民宿"星星竹海＋皓月星空＋私密休闲环境＋竹居人家。

图片来源：图虫网授权使用

汀泗桥传奇夜战小镇：建设汀泗桥镇古街，植入红色文化元素，丰富红色文化展示、休闲业态，打造华中著名的红色文化主题旅游小镇。

图片来源：图虫网授权使用

亮化夜间景观

以中心城区为重点对象，通过"亮化＋文化"，营造白天秀丽、晚上浪漫的休闲氛围。

河道亮化　　　　　　　　公园亮化　　　　　　　　街区亮化

图片来源：巅峰智业、创一佳授权使用　　图片来源：图虫网授权使用　　图片来源：夜游联盟授权使用

完善服务设施

特色化打造休憩设施，完善重要节点标识系统。

休憩设施	• 将位于游憩商街、主题河道、休憩公园等休闲空间的休憩设施进行特色照明设置，如在座椅上加设统一形状的灯饰，形成独有的夜光座椅。

标识系统	• 完善标识，赋予夜间标识导引导览功能。 • 完善城市道路标识系统、旅游标识系统、公交标识系统。 • 加强夜间LED智能标识导览系统。

构建月光产业体系

构建以桂月文化为内涵的文创产业体系，形成全域化的产业空间布局。

发展规划准确把握了咸宁旅游腾飞的突破口——夜游经济，打造了中国的月光城。

参考文献

1. 文化和旅游部. 2018 年文化和旅游发展统计公报［R/OL］. http://zwgk.mct.gov. cn/auto255/201905/t20190530_844003.html?keywords=.

2. 戴斌. 夜游正当时［OL］. 中国旅游研究院官网，http：//www.ctaweb.org/html/ 2019-3/2019-3-15-11-11-60474.html.

3. 戴斌，赵一静. 释放夜间旅游新需求，培育都市旅游新动力［J］. 旅游内参， 2018（02）.

4. 戴斌. "夜游经济"：不止于靠灯留人［N］. 中国文化报，2019-03-16（05）.

5. 戴斌，张佳仪. 夜间旅游市场数据报告 2019［R］. 中国旅游研究院，2019.

6. 戴斌，赵一静. 夜间旅游学术研究报告［R］. 中国旅游研究院，2019.

7. 戴斌，杨宏浩. 夜间旅游引领文化旅游新潮流［OL］. 搜狐网，http：//www. sohu.com/a/310963636_124717.

8. 刘向前，梁留科，元媛，索志辉，张忠良. 大数据时代美食夜市游憩者满意度双 视角研究［J］. 美食研究，2018，35（02）：24-31.

9. 李欣. 中国夜旅游创新发展研究［D］. 复旦大学，2014.

10. 宦艳玲. 城市"夜旅游"开发研究［D］. 浙江师范大学，2011.

11. 杨妮，李小明. 基于文化体验的夜游产品开发研究［J］. 旅游纵览（下半月）， 2014（05）：31+33.

12. 靳泓，应文. 城市夜间经济研究综述［J］. 灯与照明，2018，42（01）：26-30.

13. 张金花，吴敏. 城市"夜经济"概述［J］. 学理论，2014（30）：95-96.

14. 白雪. 餐饮节庆对城市旅游形象塑造研究：以成都国际美食旅游节为例［J］. 知识经济，2009（09）：85.

15. 杨堃，陈清. 文旅小镇的魅力光影：新西塘越里水雾光影秀［J］. 照明工程学报， 2017，28（06）：161-162.

16. 从故宫灯光秀看夜游经济的供需市场［OL］. 个人图书馆官网，http：// www.360doc.com/content/19/0310/14/28704984_820504629.shtml.

17. 智汇旅游. 旅游产业：夜间旅游潜力巨大［OL］. 搜狐网，http：//www.sohu. com/a/301525516_813403.

18. 王刚，高小辉. 京杭大运河杭州景区夜经济中灯光的价值［J］. 照明工程学报，2018，29（06）：96-102.

19. 曹小兵，冉崇高，李超. 浅论"LED＋智能"在城市景观照明中的应用［J］. 中国照明电器，2018（06）：45-50.

20. 邹统钎，常梦倩，韩全. 国外经典夜游项目发展经验借鉴［N］. 中国旅游报，2019-03-26（03）.

21. 李玲. "夜游经济"：不止于靠灯留人［N］. 中国文化报，2019-03-16（05）.

22. 景区掘金夜经济的三大套路［OL］. 中国经济网，https：//baijiahao.baidu.com/s?id=1626488746907560956&wfr=spider&for=pc.

23. 夜间旅游引领文化旅游新潮流［OL］. 环球网，https：//baijiahao.baidu.com/s?id=1630389984767697907&wfr=spider&for=pc.

24. 夏天. 景观照明与夜游经济需求骤升，上市龙头畅享千亿盛筵［OL］. 东方财富网，http：//data.eastmoney.com/report/zw_industry.jshtml?encodeUrl=y6T4+EZBttGY1TQsNA6VPbowKpPPI8SVPQ55vkIjbbo=.

25. 常晓杰，李岚. 城市景观照明设计要点分析［J］. 城市照明，2013（03）：25-32.

26. 肖辉乾，赵建平. 中国城市照明发展与照明节能对策［J］. 建设科技，2009（18）.

27. 王爱英，时刚. 城市夜景照明中的光污染［J］. 城市规划，2003（04）：95-96.

28. 尉颖琪，王咏笑，王洁，等. 城市景观照明的国际经验及其对中国的启示［J］. 照明工程学报，2015（03）.

29. 之信地产. 植物园奇妙夜，让故事从这里开始［OL］. 搜狐旅游，http：//www.sohu.com/a/237706727_100019285.

30. 世界首条发光自行车道：荷兰布拉班特［OL］. 点亮网，http：//www.light-up.hk/index.php/article/show/id/288.html.

31. 轩智传媒. 我国城市照明工程行业发展演变及未来趋势分析（上）［OL］. 搜狐网，http：//www.sohu.com/a/245977597_99952684.

32. 扬光亮化工程. 国外十大经典户外照明案例赏析（一）［OL］. 新浪博客，http：//blog.sina.com.cn/s/blog_a434c1f60102wjpn.html.

33. Lightup 设计资讯. 享誉全球的灯光艺术盛宴［OL］. 搜狐旅游，http：//www.sohu.com/a/198401075_99899025.

34. 2018 年 LED 产业十大数据分析回顾［OL］. 电子发烧友官网，http：//www.elecfans.com/d/865142.html.

35. 旅游演艺：文旅融合绽放的亮丽花朵［OL］. 澎湃新闻，https：//www.thepaper.cn/newsDetail_forward_2840952.

36. 社科院旅游研究中心 . 中国旅游演艺的现状与趋势报告［OL］. https：//mp.weixin.qq.com/s/Pch7v_6uJJln9gc13UeqTw.

37. 潘虹 . 明清时期中国城市夜市研究［D］. 暨南大学，2013.

38. 张旗 . 基于体验视角的美食街区开发研究［J］. 扬州大学烹饪学报 . 2013（03）：37-41.

39. 影像骑士 . 2018 鸟巢灯光秀　回到《梦开始的地方》［OL］. 搜狐旅游，http：//www.sohu.com/a/231632694_172273.

40. 新加坡动物园 . RFID 腕带可触发出不同动物形象［OL］. RFID 世界网，http：//mini.eastday.com/a/190423132816681.html.